비추는 기쁨

비추는 기쁨

초판 1쇄 발행 2025년 12월 1일

지은이 공림

펴낸이 서재필

펴낸곳 마인드빌딩

출판등록 2018년 1월 11일 제395-2018-000009호

이메일 mindbuilders@naver.com

달로와는 마인드빌딩의 문학 브랜드입니다.

ISBN 979-11-24086-06-3(03810)

- 책값은 뒤표지에 있습니다.
- 잘못된 책은 구입하신 곳에서 바꿔드립니다.
- 달로와에서 투고 원고를 기다리고 있습니다. 〈기쁨 시리즈〉로 출간을 원하시는 분께서는 mindbuilders@naver.com으로 기획 의도와 원고, 간단한 개요를 연락처와 함께 보내주시기를 바랍니다.

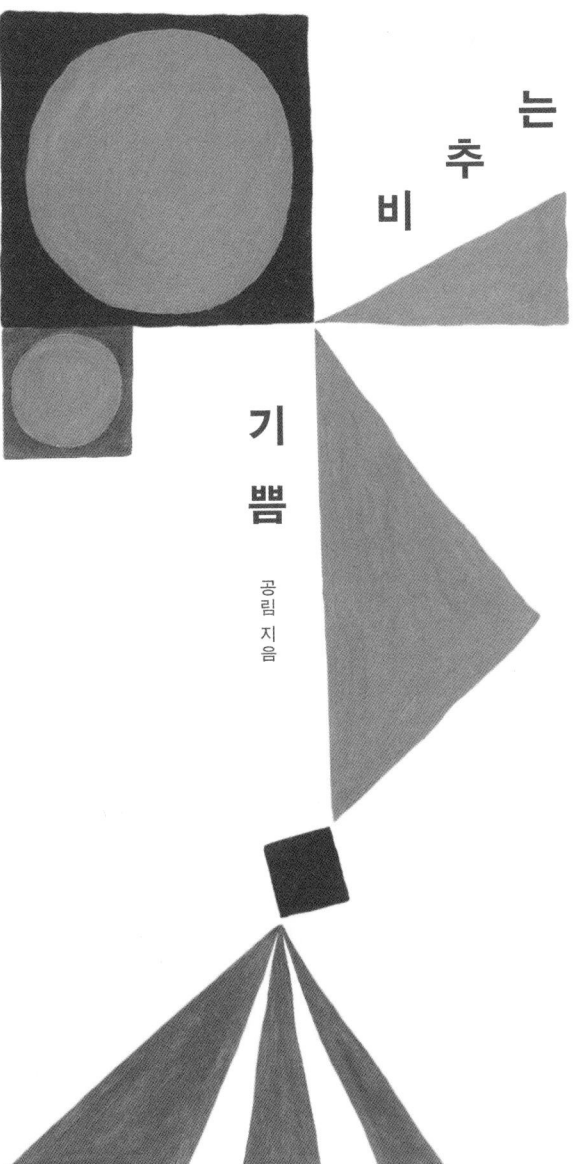

비추는 기쁨

공림 지음

책머리

지금 부는 바람은 그저 평범하지만, 그 옛날 공기가 만들어지고 바람이 생긴 것은 세상을 온통 바꾸어 놓는 경이로움이었다. 글은 바람을 닮았다. 오늘 내게 온 문장은 하나하나가 특별하다. 평범함에서 특별함을 발견하는 것, 그것이 글이 주는 기쁨이다. 땀 흘려 일한 후, 바람 한 점이 참 귀하다.

목차

책머리 5

1부 비우다

가지치기 11

비어 있는 것이 좋다 17

그릇을 깨는 마음 26

비밀 공간 34

손과 마음 41

민달팽이의 집은 어디인가? 48

구멍 뚫린 마음 55

당신의 시선 61

앵두야, 안녕 66

2부 연결하다

그들의 속도가 나의 속도와 만나는 시간 77

흐르는 게 맞다 88

가을의 연주 97

나를 스친 사람들, 나를 스친 생각들 104

선물의 의미 117

장난감 상자와 수저받침 124

3부 꽃이 피다

흔들리는 겨울 139

감자 말고 고구마 148

미나리 예찬 160

동물은 기호가 아니다 169

삼식이와 삼숙이 178

조금은 허풍스럽게, 다소 과장되게 189

어제처럼 그대로 200

옆에 있는 것만으로도 210

비추는 기쁨 216

1부 비우다

가지치기

아파트 단지 내에서 가지치기가 한창이다. 일명 스카이차라고 불리는 특수차가 가로수 옆에 바싹 붙어 있고, 긴 리프트 꼭대기에 있는 작업대에서는 사람이 전기톱으로 가지를 사정없이 자르고 있다. 잘려 나간 나무들은 뒤따라온 짐차에 실린다. 벌써 가득 찼다. 어떤 기준으로 자르는지 알 수가 없지만, 아파트 단지 내 구석구석 대부분이 이미 벌거숭이가 되었다. 옆으로 무성하게 난 가지야 그렇다 치고, 하늘을 향해 곧장 올라가는 줄기까지 자르는 건 좀 너무하다 싶었다. 가뜩이나 싸늘한 한겨울에, 구멍이 숭숭 난 장갑을 끼고 있는 것 같아 몸이 오싹하고 마음이 시리다. 봄이 되면 잘린 가지 옆으로 푸른 잎이 무성하게 돋아나 그 건재함을 보여주길 빌며 잠시 옆을 서성거렸다.

선산에 벌초하러 갔다가 손바닥만 한 산초나무를 캐온 적이 있다. 집안 어르신이 잎을 따서 돌돌 말아 입에 넣으시길래 여쭤봤더니 산초나무라고 하셨다. 잎이 새끼손톱보다 작다. 두세 개 따서 손끝으로 문지르니 알싸하면서도 향긋한 냄새가 난다. 뜻이 궁금하여 찾아보았다. 메 산(山)에 산초나무 초(椒)를 쓴다. '초' 앞에 '쓸 고'(苦)를 붙이면 '고초'가 되는데, 이것이 오늘날 '고추'의 원말이라고 한다. 그러니 고추란 쓴 산초 맛이 난다고 하여 붙인 이름인가보다. 어쨌든 산초 냄새가 어찌나 매력적인지 가까이하고 싶은 욕심이 생겼다. 마침, 옆에 작은 녀석이 있길래 집에서 키워 보자고 가져온 것이다.

야생에서 크는 나무를 집안 화분에 심었기에 처음에는 걱정이 많았다. 물을 얼마나 자주 줘야 하는지, 햇빛은 좋아하는지, 답답한 집안 공기에 적응은 잘할 수 있을지, 뭐 하나 아는 바가 없었다. 그저 매일 아침저녁으로 눈인사만 할 뿐이다. 다행히 나무는 잘 적응했고, 성장 속도도 빨랐다. 굵기는 가늘지만, 옆에 있던 고무나무보다는 분명 더 빠른 듯했다. 잎도 가지런히 잘 나왔다. 산 냄새를 맡고 싶을 때면 작은 잎을 따서 손가락 끝으로 문지른다. 답답한 마음이 후련해지는 순간이다.

야생의 본능이 살아 있어서 그럴까? 1년쯤 지나니 산초나무는 옆에 있는 작은 화분들의 영역을 침범하기 시작했다. 그전까지도 가지치기는 생각도 못 했고, 물만 주면 알아서 잘 큰다는 무식한 생각에 머물러 있었다. 이만큼 자랄 때까지 수많은 시간과 노력을 들였을 텐데, 그걸 일순간에 잘라 버린다고? 도저히 용납할 수 없는 행위였다. 일 년에 몇 번 가는 꽃집 문 앞에서 "잠시 가지치기하러 갑니다. 급하신 분은 전화 주세요."라는 푯말을 보기 전까지도 그 생각은 변함없었다. 가지치기?

인터넷에서 가지치기의 중요성에 대해 읽고 나서 바로 실행에 옮겼다. 혹시나 얘가 더 자라지 못하면 어쩌나 하는 초보적인 생각에 아직 머물러 있긴 했지만, 나에겐 지켜야 하는 다른 화분도 있었다. 그런데 그런 걱정은 일주일 만에 사라졌다. 잘린 가지 옆으로 새로운 가지가 빠르게 뻗어 나오고 있었다. 한 달이 지나고 두 달이 지나자 제법 도톰해져서 새로운 길을 내었고, 산초잎은 여전히 산 냄새를 품고 있었다.

"요즘 내가 산초나무 보는 재미에 살아."

오랜만에 찾아온 제자가 묻는 안부에 나는 이런 말을 했다. 그러고는 새로 나온 가지가 뻗어 나오는 모습을 일주일 간격으로 찍은 사진을 보여주었다.

"이 옆에 잘린 자국 보이지? 얘가 하도 이쪽으로 길게 자라서 옆에 있는 다른 애를 찌르는 거야. 그래서 중간을 잘랐거든. 그런데 그 옆으로 새로운 가지가 나면서 이렇게 자라고 있어. 전혀 다른 방향으로 말이야."

사진을 한참 동안 물끄러미 바라보고 있던 그의 눈에서 갑자기 눈물이 맺혔다.

"사실은 제가 답답하고 힘들어서 왔어요. 다니던 회사에서 나왔어요. 나온 지 꽤 됐는데, 요즘은 여기저기 이력서를 넣어도 받아주는 데가 없네요. 자존감이 떨어졌는지 친구와도 헤어졌고요. 몸도 아프고, 되는 건 하나도 없고…. 그런데 이 산초나무 정말 멋져요. 이 사진 저한테 보내주세요. 보면 볼수록 위안이 돼요."

더 이상 무슨 위로의 말이 필요할까 싶었다. 살면서 길이 막힌 적이 어디 한두 번일까. 산은 따뜻한 햇빛과 시원한 바람만 있는 곳이 아니다. 그보다는 훨씬 더 혹독하다. 나무는 폭풍에 꺾이고, 들짐승에게 꺾이고, 눈비에 꺾이길 얼마나 많이 반복하며 살아 내었을까. 겹겹의 세월 동안 그들은 터득했을 것이다. 막히면 새로운 길이 열린다고.

계획대로 되지 않는 게 정상이다. 생각대로 된다면 기적이다. 손가락을 움직여 밥숟가락을 입에 넣을 수 있다는 것은 큰 기적 중의 하나일 것이다. 그 수많은 기적 중에 마음대로 되지 않는 일이 생길 때마다 나는 버릇처럼 사진 속 산초나무 가지를 바라본다. '괜찮아. 괜찮아. 새로운 길이 열릴 거야.' 이렇게 속삭인다.

비어 있는 것이 좋다

쇠 파이프로 만든 바리케이드는 세련되지 않은 기술자가 대충 남아도는 자재를 성의 없이 용접한 듯하였다. 처음 만들었을 때는 무슨 칠이라도 했을지 모르겠지만, 지금은 빛바랜 회색 바탕에 드문드문 녹이 슬어 마치 오래된 물건임을 자랑이라도 하는 듯했다. 바리케이드가 먼저 눈에 띈 것은 아니었다. 늘 다니는 산책길이지만 활짝 핀 황금빛 마리골드 꽃이 없었다면 그런 집이 있는지도 몰랐을 것이다. 마치 '우리 집이 여기 있소'라고 광고라도 하듯, 집주인은 대문 옆에 마리골드를 심어 놓았다. 저 멀리서도 금방 눈에 띄었으니 반가운 마음에 꽃을 보러 한걸음 달려갔던 것이다. 그런데 꽃 앞에, 멀리서는 보이지 않았던 바리케이드가 아무렇게나 놓여 있었다. 엉뚱한 곳에 눈길이 갔다.

'분명 저기에 뭐라 쓰여 있었을 텐데….'

바리케이드 상단 아래에 붙은 사각형 철판에는 아무런 글자가 쓰여 있지 않았다. '주차금지'라는 글자가 가장 먼저 떠올랐지만, 마리골드 꽃을 가로막고 있으니 나는 그곳을 맴돌며 이런저런 상상을 하게 된다.

'꽃을 꺾지 마시오.'
'눈으로만 보시오.'

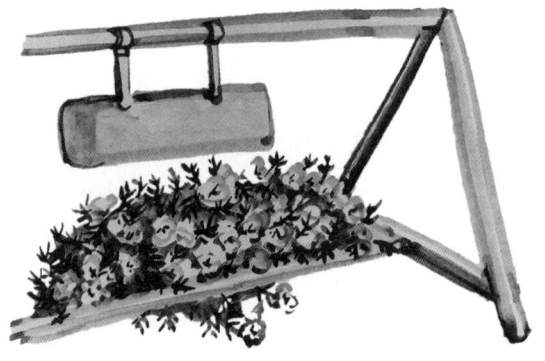

바리케이드에 이런 문구를 건네 보았지만, 좀 더 재미있는 상상을 해 보라고 조르는 듯하다.

'어디 가시나요? 꽃이 여기 있는데.'
'마음에 드신다면 안으로….'
'찬 바람이 불면 꽃차 한잔?'

카피라이터라도 된 것처럼 혼잣말을 하며 웃었다. 이 집 주인, 혹시 설치 미술을 하는 사람일까? 아무리 실험적인 미술이라도 물건을 아무렇게나 가져다 놓는다고 작품이 되는 것은 아니니, 작가라면 어떤 의도를 가지고 정교하게 만든 주파수를 던지는 중일 것이다. 이렇게 온 우주로 퍼져가는 주파수를 누군가 우연히 잡았을 때 그는 감동과 상상이 혼합된 여운에 취하여 그 자리를 떠나지 못하고 있을 수밖에. 만일 그 작가가 이런 나의 모습을 숨어서 관찰하고 있었더라면 무슨 생각을 하고 있을까? 나라면 그분이 떠나기 전에 달려 나와 반갑게 인사를 나눌 것만 같다.

"안녕하세요. 혹시 여기서 뭘 하고 계시나요? 저 빈 철판에 뭐라고 쓰여 있을지 상상하고 계셨나요? 그렇다면 정말 반가워요. 제 작품을 알아보시는 분을 드디어 만나다니요. 사실 저 꽃이 다 져버리도록 제 작품을 알아보는 사람이 없으면 어쩌지, 걱정하고 있었거든요."

유쾌한 상상이 이어졌지만, 아무리 기다려도 작가는 나타나지 않았다. 하지만 진짜 집 주인이 나타나서 남의 집 대문 앞에서 왜 서성거리냐며 소리 지르거나 신고하지 않은 것만으로도 다행이다 싶어, 나는 그저 재미있는 상상을 안고 다시 산책을 나섰다.

미술 작품이 나의 발걸음을 오랫동안 붙잡았던 적이 있다. 어느 도시든 첫발을 디디면 으레 찾아가는 곳이 박물관이나 미술관이다. 보스턴 미술관(Museum of Fine Arts, Boston)도 아무런 사전 지식 없이 그렇게 들른 곳이었다. 사실 이곳에 들어가자마자 거의 모든 사람의 시선을 사로잡는 작품은 고갱의 「우리는 어디에서 왔는가? 우리는 누구인가? 우리는 어디로 가는가?」이다. 화보에서 익숙하게 보았던 이 작품이 그곳에 걸려 있을 줄은 꿈에도 몰랐다. 하지만 더욱 놀라운 것은 한쪽 벽면을 가득 채운 4미터에 육박하는 엄청난 그림의 크기였다. 지금 생각해 보니 그 압도적인 크기는 동전의 양면과도 같았다. 관람객에게 고갱과 보스턴 미술관을 각인시켜 주기에 충분했지만, 그 그림 속에 담긴 삶의 심오한 철학은 순위가 밀려버렸다는 느낌을 지울 수 없다. 나만 그럴까? 누군가 고갱의 그 그림이 어땠냐고 물으면 엄청 크다는 말을 가장 먼저 할 것 같다. 그러니 그때도 놀란 가슴을 부여잡고 사람들이 끊임없이 몰려드는 그 그림 앞을 도망치듯 떠나고 말았다.

정작 내 걸음을 붙잡았던 그림은 미술관 한쪽 구석, 작은 방에 걸려 있었다. 물론 사람들도 별로 없었다. 고갱의 대작과는 비교도 안 되는 크기의 액자는 처음엔 너무 초라하게만 느껴졌다. 하지만 그 그림 속의 붓질은 머릿속 깊은 곳에 자리 잡고 있던 고흐와의 첫 만남을 끄집어 냈다. 중학교 시절, 겨울 방학을 하루 앞둔 미술 시간에 너무나도 낭만적이었던 미술 선생님은 고흐의 화보를 들고 오셨다. 산만하기 그지없던 중학생들에게 선생님은 한 장 한 장 그림을 넘기며 작품 설명을 해 주셨다. 그 많은 작품 중에, 나는 그 그림이 마음에 들었다. 계곡 양옆으로 울퉁불퉁하게 쌓인 바위 사이를 세찬 물줄기가 어지럽게 쏟아져 내려오고 있었다. 무엇이 바위이고 무엇이 물인지 알 수 없는 혼돈, 그것은 흡사 어지러운 구름이 떠 있는 하늘을 닮았고, 그런 하늘을 매일 같이 쳐다보며 심각한 얼굴로 고민하던 열다섯 살의 나였다.

  나는 방안에 주저앉아 그림을 하염없이 바라보았다. 들어오는 사람들도 거의 없었기에 그곳은 오로지 나와 그림만 있는 비밀 공간인 듯했다. 고흐는 생각의 갈피를 잡지 못했던 사춘기 나를 위해 그림을 그리고 있었다. 아무 말 없이 낡은 붓을 들고 내 마음을 그려 주었다. 한 획, 두 획, 두툼한 유화 물감은 캔버스 위를 지나갔고, 마음 위에 마음이 쌓이듯, 칠한 곳을 다시 덧칠해 나갔다. 오후 내내 나는 그 방에서 나오지 않았다. 문을 닫기 전까지 고흐가 그림을 완성해 주기를 바라는 마음이 가득했다.

관람을 곧 마감한다는 안내 방송이 나왔던 것 같다. 덕분에 나는 다른 명작들을 거의 보지 못한 채 얼른 계단을 내려와야 했다. 아쉬운 마음은 기념품점에서 달랬다. "나머지는 책으로 보지 뭐." 화보를 들고 이렇게 혼잣말을 했다. 그저 나는 고흐의 「협곡」(Ravine), 그 그림 하나만으로도 평생 행복할 것만 같았다.

그 이후엔 그렇게 오랜 시간 동안 나를 사로잡은 미술 작품은 없었다. 하지만 그림을 보는 나의 마음은 분명 바뀌어 있었다. 유명하다고 하니 한번 봐 보자는, 그래서 그걸 봤다고 자랑하고 싶은, 그런 마음은 확실히 없어졌다. 작품을 보는 나름의 재미도 찾았다. 기억을 부르는 그림, 내가 갈 수 없는 세계로 상상의 나래를 달아주는 작품이 좋았다. 얼마 전 서양화를 전공

한 제자가 졸업 작품전을 한다고 연락이 왔을 때도 그랬다. 그 친구의 작품은 눈에 띄지 않는 한쪽 구석에 걸려 있었다. 한눈에 이해가 되었다. 다른 작품들이 온갖 화려한 옷을 입고 벽면을 채우고 있을 때. 그의 그림에는 하얀색 캔버스 위에 오로지 검은색 막대기 몇 개만 쓰러질 듯 말 듯 위로 뻗어 있었다. 제자는 집 뒷산에 올라갔다가 영감을 받아 그린 작품이라고 했다.

"저게 그림이야?"
"저런 건 나도 그리겠다."

구경 온 사람들은 작가가 옆에 있는 줄도 모르고 이렇게 속삭였다. 작가의 얼굴에는 이미 알고 있다는 듯 여유로운 웃음이 있었다. 하지만 나는 보스턴 미술관에서 그랬던 것처럼 그의 작품 앞에서 많은 시간 머물러 있었다. 제자의 그림이라 더 애착이 갔는지도 모른다. 하지만 그렇지 않더라도 나는 그 앞에서 시간을 보낼 충분한 이유가 있었다.

나는 그림 속에서 나무 하나하나를 만졌고, 두툼한 껍질 사이로 나오는 향기를 맡았다. 가지에서 뻗어 나온 새순과 그곳에서 터져 나오는 꽃과 열매의 아름다움을 상상했다. 심지어 나는 그 숲속에 집을 짓고 있었다. 목수가 된 내가 나무를 자르고 이어 붙여, 작은 오두막을 짓고 있는 상상을 하니 가만히 서 있어도 심장이 두근거렸다. 그 집으로 친구들을 초대하고, 맛있는 음식 대접을 하고 싶었다. 옆에는 작은 텃밭을 만들고, 그곳에서 키운 각종 채소를 모아 근사한 만찬을 준비한다. 그렇게 친구들의 수다와 웃음소리는 졸업 작품의 빈 곳을 화려하게 채우고 있었다.

채워진 것보다는 비어 있는 것, 큰 것보다는 작은 것이 좋다. 그들은 내 무의식을 자극하고 상상을 흔들어 깨운다. 저곳에 무엇이 있었을까. 그곳엔 뭐라 쓰여 있었을까. 그것은 도대체 어디로 사라진 걸까. 사람들은 각자의 상상대로 그곳을 채워 간다. 그곳은 채워도 채워도 계속 채워지는 마법 같은 공간일 테니까.

그릇을 깨는 마음

도자기를 가마에서 꺼내는 순간은 적막감이 흐른다. 합격자 발표의 마지막 확인 버튼을 누를 때와는 종류가 다르다. 최소한 얼굴이 빨개지고, 심장이 뛰며, 손가락이 떨리는 느낌은 아니다. 사실 처음 도예를 시작할 때는 그런 느낌이 없지 않았다. 하지만 멋진 도자기를 기대하는 마음으로 가마 속 도자기를 마주할 때마다 실망감을 넘어 상처받는 일이 잦아졌다. 700도의 가마 속에서 초벌구이로 나왔을 때만 해도 동그랗고 예뻤던 도자기는, 유약을 입고 1,250도의 마지막 불길에 들어가면 그 열기에 찌그러지고, 찢기고, 심지어는 깨지기도 한다. 모양뿐 아니라 색도 예상을 벗어난다. 이런 일이 반복되면서 아예 처음부터 기대를 내려놓는 방어 전략을 취하게 되었다. 뭔가 큰 기대가 있어야 심장도 떨리는 법인데, 도자기를 꺼낼 때 특별한 기대를 하지 않으면 떨리는 일도 없다.

중고등학교 시절, 시험을 보면 나는 항상 안 좋은 상황을 상상하곤 했다. 성적에 관심이 없어서가 아니라 그렇게 생각하는 게 마음이 편했다. 시험을 치르고 으레 받는, 시험 잘 봤냐는 질문에 "그저 그래…", 늘 이런 식으로 대답했다. 나도 그렇고 부모님도 그렇고, 괜히 기대감에 부풀었다가, 터진 풍선처럼 너덜너덜해지기는 싫었다. 그런 전략은 꽤 요긴했다. 욕심보다 결과가 좋지 않으면 당연한 듯 받아들이면 됐고, 간혹 기대 이상의 결과가 나오면 그 쾌감을 맛보는 것도 그럭저럭 괜찮았다. 이렇든 저렇든, 손해 볼 것은 없었다.

이런 성향도 유전이 되는지, 딸아이는 초등학교 때부터 이런 식의 전략을 구사하기 시작했다. 어릴 때는 시험 잘 봤냐는 물음이 그렇게나 싫더니, 부모가 되니 입이 근질거려 참을 수가 없다. 그런데 아이는 나보다 한층 더 진화했는지 "망했어"라는 대사를 읊었다. 심지어 물어보지도 않았는데, 현관문을 들어오자마자 가방을 벗어 던지고 그런 과격한 말을 했다. 때로는 눈물까지 동반했으니, 걱정스러운 마음에 아내와 나는 비싼 외식과 디저트까지 동원해서 아이의 마음을 달래주곤 했던 것이다. 그런데 막상 성적표를 받아본 아이 엄마는 나에게 이렇게 속삭였다.

"쟤가 망했다는 말이 두 개 정도 틀렸다는 건가 봐…."

발표대회에 나간 날도 그랬다. "잘했어?"라는 물음에 큰 실수를 했다, 해야 할 말을 잊었다, 창피했다 등등 온갖 안 좋은 말을 해놓고 나중에 결국 상을 받아왔다. 들어가고 싶다던 동아리 면접을 보고 온 날에도 떨어진 게 분명하다고 바닥이 꺼질 듯 한숨을 내쉬더니, 며칠 있다가 합격 소식을 전했다. 이런 일이 반복되다 보니, 한번은 소위 "교육"이란 걸 해봐야겠다는 생각이 들었다. 아무리 마음에 안 든다고, 그런 부정적인 말을 입에 달고 다니면 안 된다, 말한 대로 된다는 옛말이 있다, 진짜 망한다는 게 뭔 줄 알고 그런 말을 함부로 하냐, 등등 늘어놓았다.

"그래도 아빠, 내 친구들은 개망했다고 해. 난 그냥 망했다고 하는 건데…."

물론 미리 마음의 갑옷을 입으려고 하는 아이의 마음을 모르는 것은 아니지만 그런 말을 하고 싶거든 집에서만 하고 밖에서는 함부로 하지 말라고 단단히 일러두었다.

내가 도예를 배우기 시작한 때가 아이에게 그런 훈계를 늘어놓을 무렵이었다. 자식에게는 그렇게 가르친다 해도 이론과 실제는 엄연히 다르고, 교과서와 현실 또한 같지 않다는 건, 부끄럽지만 인정할 수밖에 없었다. 도자기를 빚으며 나름대로 엄청난 시간과 정성을 들였다 싶으면, 찌그러지고 금이 간 결과물에 마음도 함께 무너져 내렸다. 무너져 내린다는 표현은 절대 과장된 표현이 아니다. 가마에서 도자기를 꺼내기 전날에는 잠이 오지 않을 지경이었기 때문이다. 그렇게 무너진 마음으로 도예 선생님께 어린아이 같은 실망감을 표출해 봐야 돌아오는 건 미소뿐이었으니, 다시 과거의 나와 현실의 딸아이처럼, '마음의 갑옷'을 입어야 할 시기가 찾아온 것 같았다.

'또 찌그러졌겠지,'
'금이 갔을 거야.'
'색이 이상하겠지.'
'내가 만든 게 그렇지 뭐.'

그러다 정말 '망한' 그릇이 나오면, 망치로 그릇을 멋들어지게 깨는 도예가를 흉내 낼 수 있는 게 어디냐며 마음을 달랬다. 혹은 '도자기는 내가 만드는 게 아니라 자연이 만드는 것'이라는 거창한 캐치프레이즈로 마음을 가렸다. 사실이 그렇긴 하지만, 그래도 실망과 허탈감을 극복하기에는 나는 아직 어린아이 같았다.

며칠 전, 물레로 빚어 놓은 그릇이 잘 건조되는지 살펴보다가 바닥 면에 금이 간 걸 발견했다. 옆이나 테두리에 금이 갔으면 어떻게든 해 볼 수 있겠는데, 바닥에 금이 간 경우는 구제 불능이다. 마침 도예 선생님이 계시길래 투덜거렸다.

"선생님, 이거 또 바닥에 금이 갔어요. 아, 참…. 이거 모양 되게 예쁘게 나왔는데…."

늘 그렇듯 선생님이 또 웃으신다. 그러고는 처음으로 한마디 던지셨다.

"아니, 도예를 십 년이나 하고도 그런 말이 나와요? 그냥 갖다 버려야지."
"아, 네…."

 보기 좋게 한 대 얻어맞았다. 짧게 대답하고, '예쁘지만, 금이 간' 그릇을 마대에 던져버렸다. 퍽! 그릇도 깨지고 그 안에 담긴 시간과 정성도 산산조각난다. 뒤도 돌아 보지 말아야 하는데 발길을 돌리지 못하고 마대 안을 들여다보았다.

"어떤 모양으로 깨졌는지 궁금해서 그래요!"

 내 궁색한 말에 선생님은 껄껄 웃으셨다. 예전보다야 던지는 손길이 가벼워졌다지만, 아직 선생님 수준까지 가려면 멀었나 보다. 도예를 시작하고 처음으로 그럴듯한 그릇이 완성되었을 때는 그 뿌듯함과 흐뭇함을 말로 표현하기가 어려웠다. 그걸 직접 써보고 다른 사람들에게 나누어 주는 것도 큰 기쁨이었다. 하지만 가면 갈수록 벽에 부딪힌다. 아까워하는 마음, 내

것이라는 마음을 깨고 버린다는 게 어디 쉬운 일일까. 마음을 빚으며 나를 덜어내야 한다고 밤새 연설하고 가르칠 수는 있지만, 이론과 실제는 여전히 다르다. 갈 길이 아직 멀다.

비밀 공간

한바탕 목소리가 커지고 얼굴을 붉혔더니 기운이 없다. 나에게는 아무런 득이 없는 일을 1년만 맡아 달라는 부탁을 받았을 때 큰 고민 없이 수락하였다. 밥상에 숟가락 하나 더 얹으면 되는 일이었다. 하지만 예상치 못한 일들이 줄줄이 이어졌다. 놓아야 할 숟가락은 두 개, 세 개 늘었고, 준비해야 할 밥과 반찬도 늘어났다. 있는 반찬을 더 꺼낸다고 큰 문제가 되지는 않았다. 그러나 숟가락 얹은 사람이 반찬 투정을 하기 시작하면 문제가 달라진다. 처음부터 못 하겠다고 거절할 걸 하는 후회가 들기 시작했다. 다행히 본격적으로 일이 시작되기 전이라 지금이라도 선을 분명히 그어야 할 필요가 있었다. 회의실은 나의 성토로 가라앉은 먼지가 뿌옇게 일어났다. 평온해 보였던 공기가 일순간 탁해졌다. 갈등이 생긴다는 건 분명 좋지 않은 일이다.

   기대와 실망, 질투와 경계, 불쾌함과 허탈함, 그리고 누군가의 무관심. 남의 일을 자기 처지에서만 바라볼 때 생기는 이 감정의 먼지들. 각자의 굴뚝에서 흘러나오는 감정의 뒤범벅에서 얼른 탈출하고 싶었다. 나만의 비밀 공간. 그곳에 가야 할 시간이다.

   비밀 공간. 나에게 그곳은 무엇을 감추는 곳이라기보다는 지친 마음을 내려놓을 수 있는 공간이다. 언제든 가면 따뜻함을 마실 수 있는 곳, 창밖으로 지나가는 사람들을 편안히 구경할 수 있는 곳. 내게 그곳은 그런 공간이다.

   버스에서 내려 개천 길을 따라 20분쯤 걸어가다 보면 친숙하고 평범해 보이는 빨간 벽돌 건물이 보인다. 나의 피난처는 1층에서 다섯 계단 정도 올라가면 있다. 밖에서 보면 분명 이층집인데, 이 건물에는 1층과 2층 사이 그 중간쯤 되는 곳에 조그마한 공간이 있다. 2층으로 올라가는 계단에서 잠시 옆으로 빠진 특이한 곳이다. 건축주는 어떻게 이런 곳을 만들 생각을 했을까. 1층에서 카페를 운영하시는 사장님은 이곳을 넉넉하게 손님들에게 내어 주었다.

그곳에 앉아 따뜻한 컵에 손을 대고 창밖으로 지나가는 사람을 구경하면 시간 가는 줄 몰랐다. 그 재미의 비밀은 그들을 바라보는 각도였다. 그 각도의 시선은 어디서든 경험할 수 없었다. 2층에서 내려다본다면 정수리가 보이겠지만, 그곳에 앉으면 30도쯤 위에서 사람들의 얼굴을 볼 수 있다. 그런 시선은 지금껏 경험하지 못한 편안함을 준다. 꿈과 현실 사이, 그 어디쯤인 듯하다.

그곳에서 파는 단팥죽은 정말 맛있었다. 팥과 찹쌀, 설탕 이외에는 그 어떤 재료도 들어간 것 같지 않았지만, 쌀쌀한 바람이 불기 시작하면 단팥죽에서 모락모락 올라오는 따뜻함은 내 무거운 몸을 가볍게 들어올리기에 충분했다. 지갑을 들고 오지 않은 날에는 그곳에 앉아 있는 나의 모습을 상상하며 지나가곤 했다. 그 상상만으로도 기분이 좋아지는 곳이다.

 가끔은 나만 아는 장소라며 뭔가 큰 인심을 쓸 수 있는 곳이기도 했다. "아무도 가르쳐주지 않는 곳이 하나 있는데, 너한테만 특별히 알려주는 거야." 이런 말 한마디면 10년의 세월만큼이나 거리가 있었던 후배와도 놀라운 속도로 친해질 수 있었다. 그곳에 가면 어린 시절의 추억들이 입 밖으로 술술 흘러나왔다. 각자의 아버지와 어머니의 이야기, 언제까지나 우리를 지켜줄 것 같았던 부모님의 약해진 모습, 험담이라고까지 말하기는 뭐한, 우리 주변의 그렇고 그런 시시콜콜한 이야기. 그런 얘기를 하고 밖으로 나오면 우리 사이에는 뭔가 보이지 않는 끈 같은 게 생긴 것 같았다.

올여름에는 그곳에서 팥빙수를 게시했다. 온갖 종류의 화려한 팥빙수를 파는 전문점과는 달리, 이곳에서는 오직 하나, 계핏가루를 넣은 팥빙수가 있었다. 카페 주인은 계피를 담은 커다란 도자기 그릇을 주문대 앞에 두었다. 팥빙수를 주문하라는 무언의 유혹이다. 아메리카노 한 잔을 주문하려고 하다가 그 계피 향이 코로 들어오면, "팥빙수도 주세요"라는 말이 마법에 걸린 듯 나오고 마는 것이다.

계절이 바뀌어 바람이 쌀쌀해지니 나를 위로해 줄 따뜻한 단팥죽이 생각났다. 이런저런 바쁜 일로 한 계절이 바뀌도록 가보지 못한 곳을 오늘 찾아간다. 창밖 사람들의 걸음걸음이 천천히 내 눈을 사로잡고 부드러운 단팥죽이 목을 타고 내려가면 이까짓 감정들은 어디로든 흘러가 버릴 것만 같다. 하지만 그렇게 찾은 비밀 공간 앞에서 나는 몇 분간 우두커니 서 있을 수밖에 없었다. 이내 가까이 다가가 유리문 안을 들여다보고, 길을 건너 멀찍감치 서서 바라본다. 한 계절 만에 그곳은 텅 비어있었다. 늘 웃고 계셨던 카페 주인의 인사도 없고, 김이 모락모락 올라오는 단팥죽이 그려진 입간판도 없다. 발길이 잘 떨어지지 않아 한참을 머물러 있었다. 세상에 영원한 것은 없다지만, 그곳은 영원했으면 했다. 허탈한 마음을 글로 쓰려니 말줄임표 하나로 충분해 보인다. "……."

허한 마음에 카페 건물 뒤로 나 있는 산책길을 올랐다. 하지만 그곳도 말줄임표를 써야 할까. 나무가 우거진 좁은 언덕길에는 커다란 소나무가 뿌리째 뽑힌 채 넘어져 길을 막고 있다. 얼마 전 내린 폭설의 무게를 견디지 못했나 보다. 수북이 쌓여 있던 눈은 바람에 날리고 햇빛에 말라 얄밉게도 사라져 버렸다. 나무는 내가 왜 이렇게 되어 있는지 영문을 알 수 없다는 듯 고개를 숙이고 아무 말이 없었다.

하는 수 없이 왔던 길을 돌아와야 했다. 길 옆으로 흐르는 개천에서 오늘따라 유난히 큰 소리가 들린다. 지난번엔 오리였는데, 이번엔 초등학생들이다. 아이들은 개천에서 팔뚝만 한 돌을 옮기며 징검다리를 놓고 있었다. 얼음처럼 차가운 물이 신발 속으로 들어가는 줄도 모르고 신나게 소리친다.

"야, 그걸 거기다 놓으면 어떡해? 저 뒤에 놓으라니까."
"야, 여기나 거기나 뭐가 달라?"

장난기 가득한 얼굴들이 서로 옥신각신한다. 그러게. 네 말이 맞네. 여기나 거기나 뭐가 달라. 조금 전까지 나도 이건 맞고 저건 틀렸다며 얼굴을 붉히고 나왔건만, 가슴이 뜨끔하다. 돌덩이를 들고 있는 아이가 내 뒤통수에 대고 다시 한번 외치는 듯했다. "이러면 어떻고 저러면 어때요." 비밀 공간이 떠나며 아이에게 이 말을 부탁이라도 한 것 같다. 그때 내가 너무 예민했을까. 아이의 말이 종일 마음속을 맴돈다.

손과 마음

어릴 때 불안하고 두려운 마음이 들면 언제나 집 뒤에 있는 창고로 향했다. 그곳엔 아버지가 집을 구석구석 손질할 때 쓰시던 각종 공구와 나무, 모래 더미가 있었다. 나는 그곳에서 모래와 자투리 목재를 장난감처럼 가지고 놀았다. TV에서 본 모래시계도 만들어 보고, 물을 부어 작은 성을 만들기도 했다. 그렇게 한참 놀다 보면 걱정도 시간도 잊을 수 있었다. 밥 먹으라는 어머니 목소리를 듣고서야 날이 이미 어둑해졌다는 걸 알았다. 그때는 창고 안의 공간과 시간이 내게 어떤 의미가 있는지 알 수 없었다. 그저 이유도 모른 채 환경에 따라 반사적으로 적응하며 살던 어린 나이었다.

우리 집 딸이 그때의 내 나이가 되어서야 창고의 의미를 생각하게 되었다. 아이라는 거울로 내 모습을 조금씩 볼 수 있게 된 것 같다. 재활용 쓰레기를 버리는 어느 날, 거실은 아이의 울음바다가 되었다. 모아 놓은 택배 박스를 버린 것이 문제였다. 내 어린 시절엔 그런 박스도 귀했을뿐더러, 집안에서 그걸로 뭘 만들어 볼 생각도 못 했다. 더욱이 요즘은 마당에 창고까지 있는 집이 귀하다 보니, 커가는 아이들의 공간에 대해 더 무심해진 것 같기도 하다. 아이는 택배 박스를 이용해 거실에 집을 만들었다. 테이프를 누덕누덕 뜯어 붙인 집은 누가 봐도 조악했지만, 아이가 그곳으로 들어가자, 인형들과 장난감들도 같이 기어들어 갔다. 퇴근하고 집에 돌아오면 아이는 그곳에서 꼼지락거리다가 고개를 내밀며 배시시 웃는다. 레고 블록으로 만든 멋진 소방차와, 도화지를 오려 만든 종이 인형이 탄생하는 순간이다.

버려진 목재가 다시 눈에 들어온 것도 그 무렵이었다. 나도 만들기를 다시 해 보고 싶었다.

자투리 목재를 모아다 작은 신발장과 소품 상자, 욕실에서 쓸 의자를 만들어 놓고 보니, 우리 집 아이들이 손뼉을 치며 칭찬이란 걸 해 주었다. 그런 칭찬은 초등학교 이후 처음이다. 흥이 났는지 목재상에 들락거렸고, 반나절 내내 공구상에서 공구 구경하는 것도 재미있었다. '세상에, 이런 기발한 아이디어가 있다니.' 볼수록 신기한 공구를 만지작거리며 감탄하다 보면 어느새 아내에게 전화가 온다. '지금 어디서 뭘 하고 있어요?'

우연한 기회에 경험한 도예 체험도 이제 빼놓을 수 없는 취미이자 재미가 되었다. 구경하러 갔다가 그냥 한 번만 해 보자는 마음으로 작은 찻잔을 만들었는데, 도예 선생님은 칭찬을 연발하시며 나를 구름 위로 붕 띄워주셨다. 말도 안 되는 칭찬이라 괜히 그러는지 뻔히 알면서도, 칭찬 한 번 더 듣고 싶은 아이 같은 마음에 한 번만 더 찾아가 보기로 했다. 울퉁불퉁, 못생긴 컵이 나왔는데도 애초에 도예를 전공했어야 했다며 있는 칭찬 없는 칭찬을 해 주셨다.

선생님은 평생 도자기를 빚더니 이제는 사람 마음마저 빚는다는 생각마저 들었다.

 만들기를 본격적으로 배우기 시작할 때는 설렘과 긴장이 안개처럼 가득하여 나를 제대로 들여다볼 수 없었다. 차츰 안개가 걷힐 때가 되어서야 손과 마음은 서로 연결되어 있다는 걸 알게 되었다. 손으로 뭔가 만들면 그 움직임이 마음으로 전해지고, 손을 따라 마음도 리듬을 타기 시작한다. 손을 움직이면 조용한 음악을 들을 때처럼 마음이 평온해진다. 어린 시절 불안한 마음이 들면, 늘 모래놀이를 하러 창고에 간 것도 그 때문이었던 것 같다. 놀이를 한다고 문제가 당장 해결되지는 않겠지만, 그로 인해 일어난 잡념과 고민의 먼지가 걷히는 것 같다. 시야가 맑아지면 실마리를 볼 수 있지 않았을까.

 어제, 오늘 심란한 마음이 들어 뭐라도 만들어 봐야겠다는 생각이 들었다. 냉장고를 열고 며칠 전 사둔 생강을 꺼냈다. 흙을 털고 물로 깨끗하게 씻어내니 생강 향기가 은은하게 퍼지기 시작한다. 최대한 얇게 썰어보려고 칼날을 조심스럽게 생강 위에 올린다. 얼마 되지 않는 양인데도 슬라이스로 얇게 썰다 보니 한 시간이 훌쩍 갔다. 팔에 힘을 빼고 천천히 칼질을 하니 시간도 잘 가고 마음도 편안해졌다.

사실 그렇게 생강을 썰기로 한 건 며칠 전 TV에서 본 요리 경연 프로그램 때문이었다. 첫 번째 미션이 양파 썰기였다. 참가자들에게 평가 기준을 알려주지도 않고 무조건 양파를 썰어보라고 한다. 능숙한 사람은 눈으로 보지도 않고 칼질을 하는데 기계보다 더 빠른 것 같다. 어떤 이는 처음 해 보는지 서툴기가 그지없었고, 어떤 이는 잘해야겠다는 마음이 앞섰는지 손가락을 베고 말았다. 다행히 더 빨리, 더 많이 썬 사람에게 좋은 점수를 주지는 않았다. 평가자로 나온 선배 요리사들은 재료를 손질할 때 얼마나 정성을 다하는지 그 태도를 보고 있었다. 요리의 시작이라 그럴까? 재료를 써는 일은 솔직히 귀찮다. 후딱 끝내고 싶은 마음이 앞선다. 하지만 이번엔 나도 정성을 다해 보려고 했다. 평소보다 더 깨끗이 씻고, 껍질도 잘 다듬고, 즙이 잘 우러나기를 바라며 칼날을 부드럽게 대고 천천히 잘랐다. 생강 슬라이스가 하나하나 나올 때마다 어린 시절 모래놀이의 추억, 대패로 나무를 깎을 때 나는 향기, 물레를 돌리며 느끼는 흙의 부드러운 감촉들이 수면 위로 떠올랐다가 다시 가라앉았다.

역시, 12월 바람은 매섭다. 톱밥을 풀풀 날리며 톱질을 하려니 환기하기가 무섭고, 이 날씨에 그릇을 만든다고 공방까지 가서 도예 용품

들을 꺼내기도 번잡스럽다. 이럴 땐 그저 식재료 써는 일이나 해야겠다. 오늘은 생강이라도 있었으니 다행이다. 그게 없었으면 나도 양파를 썰뻔했다. 유리병 속에 생강을 담고, 올봄에 사둔 아카시아꿀을 부었다. 생강 슬라이스 사이에 있던 공기가 꿀 위로 뽀글뽀글 올라온다. 꿀과 생강, 이제부터는 너희들의 시간이야. 사이좋게 지내. 어느 추운 겨울밤, 생강 꿀차를 마시는 상상을 하며 병을 냉장고에 넣었다. 어디선가 레몬 생강차를 맛본 기억이 나는데, 내일은 레몬을 사다가 썰어봐야겠다.

민달팽이의 집은 어디인가?

버섯이 아니었다면 그냥 지나칠 뻔했다. 민달팽이가 버섯을 시식 중이다. 가을 낙엽이 수북이 쌓인 후, 며칠 비가 오니 하얀 버섯이 탐스럽게 올라왔다. 민달팽이는 보통 해 질 무렵이 되어서야 기어 나오는데, 대낮에 나온 걸 보니 꽤 식탐이 많은 녀석인가 보다. 버섯을 잘 모르는 나는 그게 다 그거 같아서 마트에서 포장지 위에 쓰인 이름을 보고서야 그런 건가 보다 하는데, 버섯을 좋아하는 민달팽이는 틀림없이 나보다는 훨씬 수준이 높을 것이다. 대낮에 겁도 없이 버섯 지붕까지 기어 올라가서 "나 여기 있어요"하고 깃발을 꽂을 정도면, 이 하얀 버섯은 정말 맛이 좋은 종류인가 보다.

달팽이의 트레이드마크는 집인데, 민달팽이는 집이 없어 그런 이름이 붙었다. 원래부터 집이 없었던 것이 아니다. 있던 집은 일찌감치 퇴화하여 피부를 보호하는 외투 정도가 된 것이다. 얘는 왜 집을 포기했을까? 성격상 집을 메고 다니는 게 무겁고 거추장스러웠을까? 그 이유라면 나도 충분히 이해된다. 나도 몸에 뭐를 걸치는 게 싫어서 시계를 차거나 반지를 끼고 다니지 않기 때문이다. 들고 다니는 물건의 우선순위도 가벼움이다 보니 가죽보다는 천 가방, 최신 기술을 몽땅 넣은 무거운 휴대폰보다는 무게도 가볍고 가격도 가벼운 휴대폰을 택한다.

그게 아니면 호기심이 유독 많은 달팽이였을 수도 있겠다. 집을 메고 들어갈 수 없는 좁은 틈바구니를 엿보고 있다가 너무 재밌어서 집을 버리고 그 속으로 들어갔겠지. 아기자기한 좁은 골목길을 다니며 맛집을 탐방하는 미식가였거나, 골목 벽화 보는 재미에 빠진 예술가로 살았을 수도 있겠다.

그것도 아니면 집 안 청소가 너무 귀찮았을까? 세상의 온갖 먼지는 모두 집으로 들어오는 듯하니, 그 달팽이의 집도 마찬가지였을 것이다. 아무리 해도 티가 나지 않는 집안일이란 며칠만 안 하면 금방 티가 나는 법이니, 세상에서 청소하기를 가장 싫어했던 달팽이는 점점 더러워지는 집을 더 이상 참지 못했을 것이다. 자기 방이 너무 지저분하다고 잠은 거실로 나와서 자는 우리 집 누구처럼 말이다.

늦더위가 기승을 부린 올해, 낮에 주로 다니던 산책을 밤에 하였다. 9월, 여전히 30도를 넘

나드는 밤이었지만, 피부에 화살처럼 꽂히는 햇빛의 강렬함도 없고, 운이 좋으면 시원한 바람도 간간이 맛볼 수 있었다. 그날도 그런 걸 기대하고 밤 산책을 나섰다. 그러나 집 밖을 나선 지 얼마 안 되어 공기는 무거웠고, 보이지 않는 찜통 속에 들어온 기분이 들기 시작했다. 불길한 예감은 맞을 때가 많다. 갑자기 후드득, 굵고 긴 비가 쏟아지지 시작했다. 비는 창문을 때리듯 내 등짝과 허벅지를 때렸다. 왜 이런 비를 두고 "장대" 같다고 하는지 이제야 이해가 되었다. 굵기도 굵었지만 긴 막대기로 온몸을 얻어맞는 느낌이다. 안경 아래로 흐르는 물은 앞을 가렸고, 삽시간에 불어난 물은 발목까지 차올랐다.

처음에는 오랜만에 느껴보는 낭만 정도로 가볍게 생각했으나, 발걸음이 무거워지자 더 이상 장난이 아님을 감지했다. 그렇게 저벅저벅, 영화 「쇼생크 탈출」을 연상하며 30여 분을 걸었다. 다리에 힘이 빠지기 시작하더니, 뭔가 처량하다는 느낌이 들기 시작했다. 구석구석 먼지처럼 쌓여 있었던 감정의 부산물들이 올라왔다. 이럴 때 엉엉 울면 아무도 눈치채지 못하겠지? 정말로 이렇게 올라오는 찌꺼기를 빗물과 함께 씻겨 내보낼 수 있으면 얼마나 좋을까. 서럽고 우울한 감정이 올라왔다.

집에 도착하여 물이 뚝뚝 떨어지는 손으로 현관문을 열었다. 물속에 빠졌다 나온 생쥐처럼 온몸에서 물이 떨어졌다. 잠시 고개를 숙이고 흥건해지는 현관 바닥을 우두커니 바라보았다. 순간, 갑작스레 행복감이 밀려든다. 나에게 비를 피할 수 있는 곳이 있다는 것, 그것만으로도 이렇게 깊고 깊은 행복감을 느낄 수 있다니. 그 순간을 기억의 앨범 속에 끼워 넣고 싶었다. 언젠가 내 삶이 불편해지고 나락으로 떨어지는 절망을 느낄 때, 꼭 꺼내 보리라 생각했다.

요즘, 집에 관한 다큐멘터리를 즐겨 보고 있다. 예전 같으면 방송 시간을 놓쳐 보지 못했을 주옥같은 프로그램들을 시간과 장소에 구애받지 않고 볼 수 있는 세상이 되었다. 도시 한복

판 자투리땅 위에 지어진 보금자리부터, 배산임수쯤 되어 보이는 한적한 시골에 지어진 전원주택에 이르기까지 장소도 다양하다. 창문을 아예 내지 않은 5평짜리 통나무집부터, 돈을 꽤 들였을 만한 거대한 빌딩 같은 집까지 형태도 가지각색이다. 대리만족일까? 아니면 미래를 위한 정보 수집일까? "아, 나도 한번 저런 집을 지어보고 싶다."라는 말이 슬금슬금 나도 모르게 튀어나온다. 한편, 실패한 집짓기와 실패한 귀농인 등 실패 시리즈를 주제로 방송을 하는 유튜버들도 있다. 이들이 소개하는 사례도 가지각색이다. 집을 지을 수 없는 땅을 사고, 건축비 부풀리기에 당하고, 마을 원주민들에게 미움을 사서 쫓겨 나가고, 농사 기술이 없어 농사를 망치고, 하자투성이의 집 때문에 퇴직금을 날리는 등, 온갖 실패담이 쏟아진다. 이런 걸 보다 보면, 땅을 사서 집 짓고 살고 싶은 마음이 쑥 들어간다.

  잠시 버섯을 맛있게 먹고 있는 민달팽이를 보면서, 너는 어느 쪽이냐고 물어보고 싶었다.

그렇지 않아도 골치 아픈 일이 많은 세상에, 집 문제라도 훌훌 털어버리고 살고 싶었던 것일까? 그도 분명 자기 몸에 딱 맞고 언제 어디서든 비를 피할 수 있는, 행복한 집을 갖고 싶었을 텐데, 누구에게 사기라도 당하고, 골치 아픈 영역 싸움이라도 한 것일까? 아니면, 그 모든 욕망을 버리고 '내가 있는 곳은 어디든 집이고, 비를 피할 수 있는 곳이면 어디든 행복하다,'라는, 평범한 달팽이라면 감히 범접할 수 없는 수준의 높은 경지에 오른 것일까? 물어봐도 아무 답이 없었다. 맛있는 식사 중이라 바쁜 듯하다.

구멍 뚫린 마음

전날 밤 구름이 없었다면 온 하늘에 보석처럼 빛나는 별들을 마음껏 볼 수 있었겠지만, 여름철 시도 때도 없이 나타났다 사라지는 구름은 시샘하듯 별들을 가려 버렸다. 새벽 1시, 가만두지 않겠다는 기세로 모기들도 달려들어 몸 여기저기가 부풀어 오를 무렵, 구름은 우리의 원망을 달래보려 했는지 문을 빼꼼히 열고 직녀성을 보여주었다. 모든 별을 덮은 부드러운 솜털 카펫 위에서 직녀가 하늘하늘 춤을 추고 있었다. 공연은 약 10분. 커튼은 다시 닫혔고, 언제 다시 열릴지 기약 없는 기다림이 계속되었다. 사람들은 하나둘 자리를 뜨고, 마지막 남은 우리마저 모기에게 쫓기듯 숙소로 돌아왔다. 하지만 직녀성의 독무는 그렇게 기다렸던 수많은 별들의 군무보다 오래도록 기억에 남을 만큼 아름답고 경이로웠다.

 오늘 오전, 인터넷에서 소문이 자자한 카페를 찾아갔다. 멀리서 보기에는 아무것도 없는 삭막한 들판에 아담한 집 한 채가 있는 듯 보였으나, 가까이 가보니 그 들판은 커다란 주차장이었고, 아담한 집 한 채를 둘러싼 담벼락 뒤에는 이국적인 인테리어를 갖춘 다양한 공간이 펼쳐져 있었다. 카페라고 하기에는 너무나 웅장한 규모와 그곳을 메우고 있는 사람들의 수에 놀랐고, 탁 트인 창가 앞에 펼쳐진 푸르른 바다에 두 번 놀랐다. 지치지 않고 구워져 나오는 빵에서 흘러나오는 냄새는 매혹적이었다. 그리고 커피 맛은 아름다웠다. 무엇하나 빠진 게 없는 곳이니 인기가 없는 게 이상하다.
 하지만 뭔가 채워지지 않은 뻥 뚫린 구멍을 느낀다. 모든 게 갖추어져 있는데, 그 모든 게 나를 외면하고 있는 듯했다. 한때 그런 걸 느껴본 적이 있다. 각자 자리에서 맡은 일에 최선을 다하는 아름다운 조화 속에서 누군가에게 말을 건네기도 어렵고, 무엇을 해야 할지도 모르겠고, 아무도 내게 관심이 없는 것 같아 우두커니 그들의 모습을 바라만 보고 있었던 나.

'저들은 내가 여기 있는지 알고 있을까?'

대화는 건조했다.

"150번 손님, 커피 나왔습니다."
"주문하신 빵이 다 떨어졌어요. 취소해 드릴까요?"
"계산은 이쪽에서 해주세요."

내 이름은 150번이었고, 원하는 빵이 없는데도 계산은 잊지 말라고 했다. 방금 구워져 나온 빵을 나르는 직원은 익숙한 듯 요리조리 인파를 피해 나아간다. 빈자리를 찾기는 어려웠다. 큰 규모를 자랑하는 쇼핑몰에서 주차 공간을 찾아 30분을 헤매다 보면 내가 여기에서 무엇을 하고 있는지 알 수가 없는 것처럼, 나를 제외한 모든 사람이 각자의 자리를 가지고 있는 것 같았다. 겨우 찾아낸 빈자리로 속도를 내니 커피가 출렁출렁 흔들렸고, 다시 속도를 줄여 다른 사람에게 자리를 양보할 수밖에 없었다. 누구도 나를 쫓아내지 않았지만, 그 누구도 나를 환영해 주지 않는, 그 치열함과 엄숙함에서 나는 도망치듯 나오고 말았다.

점심을 먹고 식당 맞은편에서 우연히 발견한 도서관에 들렀다. 복층으로 되어 있는 그곳은 높은 천장에서 햇빛이 들어와 온 공간을 비추고 있었고, 어느 곳에서 보더라도 파노라마처럼 한눈에 모든 장면이 들어왔다. 누군가 그곳에 사람 인형을 만들어 배치해 놓은 듯, 이곳저곳 띄엄띄엄 앉아있는 사람들은 말없이 각자의 모습으로 여유를 즐기는 듯했다. 어떤 사람은 구부정하게, 어떤 사람은 고개를 젖히고, 어떤 사람은 다리를 꼬고, 어떤 사람은 삐딱하게…. 그들은 조용히 자기 삶에 집중하며 은은하게 각자의 향기를 내보내고 있었다.

 계단을 따라 위층으로 올라갔다. 아래층에 있는 사람들의 책장 넘기는 소리가 메아리처럼 울려 퍼져 어슬렁거리는 내 귀를 간지럽힌다. 난간 아래를 내려다보았다. 저 아래 1층에 노란 옷을 입은 아이가 보인다. 무릎을 구부리고, 손가락으로 뭔가를 만지며 바닥을 뚫어지게 바라보고 있다. 뭘까? 아이는 구슬 두 개를 손가락으로 튀기며 카펫 위를 천천히 천천히 맴돌고 있었다. 아…. 푸른 카펫 위에 빛나는 노란 별! 어젯밤 솜털 위에서 춤추던 직녀성을 여기서 또다시 본다.

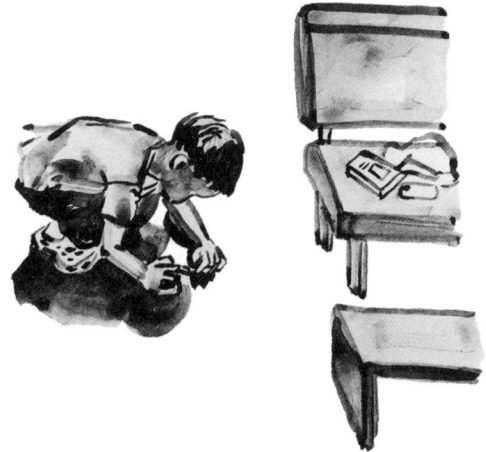

구멍 뚫린 마음에 아이가 들어왔다. 저녁 늦게 해진 줄 모르고, 친구들 모두 떠난 공터에 혼자 남아 구슬 놀이를 하던 내 모습. 저 멀리 어디서 어머니의 목소리가 들려온다. "여태 여기서 뭘 하고 있니? 집에 가서 밥 먹자." 아, 그래… 집에 가서 밥 먹어야지. 그때는 미처 몰랐다. 내가 돌아갈 곳이 있고, 할 일이 있었다는 사실을.

당신의 시선

아무리 무계획적인 여행과 만남을 좋아한다지만, 요즘은 너무 자주 그런 일이 생긴다. 더욱이 늦여름 무더위로 심신이 지쳐 있을 때 뜬금없이 약속이나 할 일이 생기면, 내 아늑한 휴식을 지키고 싶은 마음이 더 간절해지는 것이다.

요즘 부쩍 아들이 이런 나의 게으름 속에 불쑥 들어와 어딜 자꾸 가자고 한다. 아빠가 옆에 있으면 재밌어서가 아니다. 일종의 매니저, 혹은 운전기사 역할을 해달라는 건데, 그런데도 내가 몸을 일으키는 것은, 이럴 때가 아니면 언제 사춘기 과묵한 아들과 얘기할 시간이 있을까 싶어서이다.

사진에 관심이 많은 아들은 사진 공모전에

응모해 보겠다며 풍광 좋은 곳을 가보자고 했다. 언덕 위, 작고 오래된 마을. 녀석이 아니었으면 모르고 살았을 곳. 가까운 곳에 이런 데가 있는 줄은 상상도 하지 못했다. 그곳에 아이를 내려주고, 나는 마을 아래 카페에 들어갔다. 나도 한가롭게 마을을 산책하고 싶었지만, 더위에 눌려 도저히 용기가 나지 않았다.

누구에 의해서건, 예정에도 없던 이곳에, 아무도 없이 혼자, 커피를 마시고 있다는 것. 이런 것도 해보니 꽤 괜찮다. 혼자 있으면 오감이 살아나기 시작한다. 다른 사람들의 이야기가 들리기 시작하고, 보이지 않던 것이 보이기 시작한다. 창밖을 바라보다가 하늘이 참 예쁘다는 생각이 들어 카페 베란다 문을 열고 밖으로 나갔다. 더운 열기와 물기를 품은 무거운 공기가 훅하고 들어온다. 저쪽 언덕 어딘가 아들은 여기저기 돌아다니며 사진을 찍고 있겠지. 그러면 아빠는 여기서 하늘 사진 한 장 찍어 볼까.

한 시간쯤 후, 지친 몸을 이끌고 카페로 들어온 아들과 마주 앉았다. 집에 가서 보정을 한 후에 사진을 보여주겠다며, 보여 달라는 나의 정중한 요청을 거부한 아들은 아빠가 찍은 사진은 한번 봐주겠다고 했다.

"우와, 구름이 한반도를 만들었네?"
"으응?"

아들의 말에 흠칫 놀랐다. 하늘을 한 시간 동안이나 쳐다보고, 사진까지 찍었는데, 나는 그게 한반도 모양인 줄은 상상도 못 했다. 어찌하여 나는 보고도 볼 수가 없었을까. 잠시 전까지만 해도 혼자만의 시간을 즐긴다며 오감이 살아난다고 기뻐했던 나였는데. 다른 사람의 시선은 내가 볼 수 없는 것을 보고, 내가 생각할 수 없는 것을 생각하는구나.

아들과 집으로 돌아오는 길에, 얼마 전 거리에서 본 세 살 꼬마의 말이 생각났다.

"엄마, 저기 봐. 저기 비행기가 많이 있어."

아이는 어둑해지고 있는 하늘을 손가락으로 가리키며 기뻐 외쳤다. 옆을 지나가던 나도 무의식중에 하늘을 보았다. 아무것도 없다! 그런데 엄마는 무릎을 굽혀 딸과 같은 시선으로 하늘을 바라보며 이렇게 말하고 있었다.

"응, 정말, 하늘에 비행기가 아주 많이 있네. 와, 신기하다."

다시 올려다본 하늘, 거기에는 여러 개의 가로등이 밝게 빛나고 있었다. 아이는 신이 나서 팔짝팔짝 뛰었다. 새로움을 발견한 기쁨에 그 순간을 엄마와 함께하고 있다는 기쁨이 더해졌다. 내 발걸음도 하늘을 걷듯 가벼웠다.

오늘도 나는 하늘에 떠 있는 한반도와 수많은 비행기를 보지 못하는, 내 시선에 붙잡힌 세상을 살아간다. 그러기에 당신의 시선이 내게 준 세상이 소중하다. 나의 눈이 당신의 눈과 만나고, 나의 세상에 당신의 세상이 더해졌으면 좋겠다. 매일 매일 하루를 마감할 때면 당신의 그 수고스러운 시선에 고마움을 전할 수 있으면 좋겠다.

앵두야, 안녕

어릴 적 살았던 집에는 꽤 너른 마당이 있었다. 대문으로 들어서면 차례로 살구나무, 대추나무, 배나무, 라일락, 그리고 마지막으로 앵두나무가 있었고, 그 사이 사이마다 장미, 국화, 백합이 계절마다 꽃을 피웠다. 대추나무는 두 그루가 있었는데 누가 봐도 모양이 달랐고, 하나는 동글동글한 열매를, 다른 하나는 길쭉길쭉한 열매를 맺었다. 하지만 두 나무 모두 키가 전봇대만큼이나 컸고, 특히 아버지가 장대로 대추를 털 때는 후드득 떨어지는 대추에 머리를 맞기 일쑤여서, 아무리 예쁜 대추가 달린다고 해도 키 작은 꼬마에게는 친해지기가 어려운 상대였다. 살구나무는 병에 걸렸는지 열매가 잘 열리지 않았고, 그

나마 열린 살구도 먹으려 치면 벌레가 나왔기에 그 이후로는 거들떠보지도 않았다. 배나무에 열린 배도 작고 딱딱한 것이 그다지 맛있지 않았다. 그래서였을까. 내가 가장 좋아했던 나무는 단연코 앵두나무였다. 의자를 놓고 올라가면 열매를 딸 수 있을 만큼은 되었기에 꼬마에게는 가장 만만한 나무이기도 했고, 한여름에 조그맣고 빨간 열매가 열리면 그 모양과 색이 아기 입술만큼이나 예뻤다.

 한여름 마당에서 놀다가 심심할 때 한 움큼 따서 먹으면, 살갗이 오그라들 것 같은 새콤한 맛에 더위가 물러가는 듯했다. 키 큰 어른에게 따달라고 부탁할 필요도, 칼로 껍질을 까야 하는 번거로움도 없었고, 한참 따 먹어도 티가 나지 않을 만큼 열매도 주렁주렁 달렸으니, 꼬마에게는 그만한 나무도 없었다. 한창 열매가 익을 때쯤 되면 어머니와 나는 바가지를 들고 의자 위에 올라가 앵두를 땄다. 커다란 대야가 다 찰 정도로 많았다. 수돗가에서 깨끗하게 씻고 나면 어머니는 그걸로 종일 잼을 만드셨다. 그

것이 내가 먹어본 최초의 잼이었고, 우리 집에서는 잼이라고 하면 으레 앵두 잼을 말하였기에, 나는 그 이후로도 오랫동안 잼이란 원래 앵두로 만든 것이라고 믿고 있었다. 냉장고를 열면 빨간 잼이 들어있는 병이 서너 개는 늘 있었으니 그게 그리 귀한 것인지도 몰랐다. 그 집을 떠나 큰 도시로 오고 나서 마트에서는 전혀 찾아볼 수 없다는 걸 알게 된 이후에야 앵두나무와 잼에 대한 그리움이 생겨났던 것이다.

어린 시절 그 나무는 이제 볼 수 없지만, 등산로를 따라가다가 혹은 낯선 마을을 산책하다가 앵두나무와 마주치기라도 하면 기쁨과 반가움에 그냥 지나칠 수가 없다. 세상 모든 것이 처음이고 가슴 설렜던 나이에 가장 아꼈던 나무였으니 여러 나무 중에 섞여 있어도 금방 눈에 띌 수밖에 없다. 한여름에는 빨간 열매로 멀리서도 쉽게 알아볼 수 있고, 한겨울 잎이 모두 떨어졌다 해도 나무껍질과 뻗어나간 가지 모양만 봐도 찾아낼 수 있다.

몇 해 전, 겨울 산행을 하다가 어린 시절 내 오랜 친구를 옮겨 심은 것처럼 똑같이 생긴 앵두나무를 만나고 나서, 그해 여름 다시 찾아갔던 적이 있다. 궁금하고 보고 싶은 마음도 있었지만, 그 험한 산속에서 무사히 지내고 있는지 쓸데없는 걱정이 들어서이기도 했다. 조금 늦었던 탓일까? 새들이 쪼아 먹고 남은, 몇 안 되는 앵두가 달린 그 나무를 다시 보았을 때, 반가움과 함께 애처로운 감정이 뒤섞여 한참 동안 발을 떼지 못하고, 바위에 앉아 하염없이 나무를 쳐다보았다.

거기에는 마루에 걸터앉아 햇빛에 반짝거리는 앵두를 멍하니 바라보며, 마음을 달래던 초등학교 1학년의 내가 있었다. 그해 늦봄, 어머니는 건강이 몹시 안 좋아지셔서 6개월 정도 멀리 외할머니댁으로 요양을 가셨다. 그해도 언제나처럼 나무에는 앵두가 주렁주렁 달렸지만, 누구도 따지 않았다. 매년 달콤한 향을 풍기며 한 솥 끓여 만들었던 잼도 없었다. 어머니가 몹시도 보고 싶을 때면, 어머니가 입던 옷에 코를 파묻고 한껏 냄새를 맡다가, 마루에 앉아 앵두나무를 바라보았다. 하루하루, 앵두는 조금씩 사라졌다. 참새들이 쪼아 먹고, 장맛비에 떨어졌고, 그나마 가지에 매달려 있던 것들은 뜨거운 태양에 쪼그라들어 힘없이 땅으로 떨어졌다.

어머니가 집으로 돌아오신 건 앵두나무 잎조차도 다 떨어진 가을이었다. 그동안 어머니 대신 집안일을 돌보아 주시던 사촌 큰누나는 학교에서 돌아온 나를 마당 한가운데서 안아주며 좋은 소식과 안 좋은 소식이 있다고 하였다.

"오늘 저녁에 엄마가 오신대. 아빠가 퇴근하고 터미널에 가서 엄마랑 같이 오실 거야. 좋지? 그런데 누나는 오늘 하룻밤만 더 자면 가야 해. 네가 보고 싶어서 어쩌니."

아주 오랜 세월이 지나 누님과 그때를 회상하며 이야기를 나눈 적이 있다. 누님은 그때 내가 환호성을 지르며 펄쩍펄쩍 뛰었다고 했다. 정 많은 사촌 누님은, 그때 그 얘기를 전해주는

데 왜 그렇게 눈물이 났는지 모르겠다며 미소를 지었다.

그날 저녁 대문을 열고 어머니가 나타나셨을 때, 뛰쳐나가 안겨서 맡았던 어머니의 냄새는 앵두 잼보다 더 진하고 진하였다. 가을이 지나 겨울이 올 때까지 나는 어머니께 아까운 앵두를 새들이 다 먹었다며, 한 얘기를 또 하고 또 하였고, 어머니는 내년엔 앵두를 꼭 같이 따자고 약속하셨다.

다음 해 여름, 앵두를 따는 사람이 한 명 더 늘었다. 어머니의 8남매 중 가장 친하게 지내셨던 이모였다. 이모는 음악 선생님이셨기에, 우리는 피아노 이모라고 불렀다. 나뭇잎 사이 사이로 앵두가 빨갛게 익어갈 무렵 우리집에 놀러 온 피아노 이모는 감탄을 연발하시고는 나에게 이런 말씀을 하셨다.

"인제 보니 네가 앵두랑 닮았구나. 저기 의자 위에 올라가서 서봐. 이모가 예쁘게 사진 찍어줄게."

나는 부끄럽다며 도망갔지만, 이모의 끈질긴 설득 끝에 나무 옆, 의자 위에 올라가 포즈를 취하였다. "찰칵". 이모는 그렇게 찍은 사진을 인화하여 노란 테두리가 둘린 액자에 넣어주셨다. 어린 꼬마와 앵두나무가 지금도 그렇게 사진으로 남아 있다. 칠순이 넘은 이모는 지금도 나만 보면 그 얘기를 하신다.

"그때 너랑 앵두가 정말 예뻤는데 말이야."

오늘도 아내와 함께 동네를 산책하다가 우연히 앵두나무를 발견했다. 동네 가까운 곳에, 이렇게 자라고 있을 줄은 몰랐다. 반가운 나머지 사진을 찍고 또 찍었다. 5월 초. 꽃은 지고, 하얀 솜털이 돋은 잎은 작고 여린 초록색 열매를 보호하듯 덮고 있다. 내가 설명하자 아내도 신기한 듯 열매를 바라본다. 산책하는 내내 앵두나무에 얽힌 이야기를 해 주었다. 다음 달쯤 되면 여기에도 앵두가 빨갛게 달려있을 것이다. 산책이 즐거운 이유가 또 하나 생겼다.

2부 연결하다

그들의 속도가 나의 속도와 만나는 시간

길을 가다가 사람들이 너무 많다고 혼잣말을 했다. 만원 지하철이나 어린이날 놀이공원에서라면 모를까. 평소보다 특별히 북적이지도 않는 길에서 이런 어울리지도 않는 말을 하고 나니 피식 웃음이 나왔다. 나는 그때 한 사람씩, 혹은 두세 명씩 짝지어 다가오는 사람들을 보면서 그들의 하루를 상상하고 있었다. 그들은 왜 여기 있을까? 어디로 향하고 있는 걸까? 무슨 생각을 하고 있을까? 하지만 아무리 궁금해도 알지도 못하는 사람을 붙잡고 일일이 물어볼 수는 없는 노릇이다. 그럼, 그들 모두가 아는 사람이라면? 그들에게 붙잡혀 종일토록 인사만 하는 모습이 떠올랐다. "사람들이 너무 많네…." 얼토당토않은 공상 속에서 나는 이런 말을 중얼거리고 있었던 것이다. 그때 사람들이 많지 않았으면 어땠을까? 혹시 한두 명만 있었다면 인사를 나누고 안부를 물어 볼 수 있었을까?

몇 해 전, 한창 등산에 빠져 살 때가 생각난다. 자전거를 좋아하는 어떤 사람이 텔레비전에 나와서 자전거로 출퇴근하는 즐거움에 대해 말하길래, 그럼 나도 등산하면서 퇴근해 보자는 다소 엉뚱한 생각을 했다. 마침 집으로 오는 길에는 산 아래 긴 터널이 하나 있다. 터널 앞 버스 정류장에 내려서 산을 넘고 반대쪽으로 내려와 다시 버스를 타는, 이상한 퇴근길을 시도해 보기로 하였다. 비가 오는 날이나, 야근하는 날은 불가능하니 매일 그런 이상한 짓을 할 필요는 없었다. 힘들고 하기 싫은 날은 내 박약한 의지 대신 날씨와 환경 탓을 하면 되었다. 그렇게 불규칙한 리듬감으로 실천하니 횟수는 적더라도 생각보다 꽤 오래 지속되었다.

그 길이야말로 사람들이 많지 않았다. 산 위

에는 등산로가 있었지만, 저녁 여섯 시 전후로 어떤 사람이 아래 넓찍한 길을 놔두고 이 길을 걸어갈까. 그렇기에 나는 그 노부부를 만날 수 있었다. 말끔한 슈트는 아니지만 등산복 차림은 더더욱 아닌 그런 모습으로 산을 넘어가는 내 모습이 뭔가 이상해 보였나 보다. 하산 길에 잠시 경치를 구경하는 듯 보였던 부부는 해 질 무렵 서류 가방을 들고 헉헉거리며 산을 오르는 내게 어디로 가냐고 먼저 말을 건넸다.

"퇴근하는 중이에요."

부부는 당황스러운 표정으로 잠시 침묵하였다.

"집이 어딘데요?"

호기심 가득 찬 어린아이 같은 말투로 아주머니가 물었다. 비밀스러운 것을 숨겨 두고 보여줄까 말까 하는 장난스러운 마음이 들긴 했지만, 집이 산꼭대기에 있다는 식의 농담을 하기에는 뭔가가 아직 부족했다.

아저씨는 내 가방에서 삐져나온 물병을 보고 물 한 모금을 청하였다. 가져온 물이 바닥났는데, 내려가는 길을 잃어 헤매고 있다고 하였다. 그렇게 나는 물병을 건넸고, 아저씨는 가방 속에서 주섬주섬 비스킷 몇 개를 꺼내 주었다.

"우리 집 딸도 얼마 전에 취직했는데…. 걔도 이렇게 퇴근해 보라고 할까?"
"말이 되는 소리를…."

아주머니는 남편의 말에 어처구니없다는 표정으로 말을 꺼내다가 나를 흘끔 보더니 가벼운 미소로 말끝을 흐렸다. 그리고 세 사람 사이에 웃음이 터졌다. 활짝 핀 얼굴은 부족한 뭔가를 채워 주었고, 신기하게도 모르는 사람은 아는 사람이 되었다. 지나가는 사람과 그렇게 오래 이야기를 나눈 적이 또 있었을까? 한창 사회 초년생인 부부의 딸, 은퇴 후 생긴 부부의 등산 취미, '집이 대체 어디길래'로 시작한 동네 정보 등등, 이야기는 시원한 산바람을 타고 술술 펼쳐졌다. 부부는 얼마 전까지만 해도 내가 살고 있는 아파트 앞 동에 살았다는 사실도 알게 되었다. 그 아파트가 너무 친환경적이라 모기가 많다는 이야기, 인테리어 공사를 잘못하여 고생한 이야기, 이웃집에 대한 시시콜콜한 험담도 재미있었다.

  사실 얼마 전에도 낯선 사람과 예상치 못한 이야기를 나눈 적이 있다. 늦게까지 야근하고 싶지 않았기에, 저녁 식사를 미루고 일을 먼저 마무리하려고 하였다. 집에 늦게 가기도 싫었지만, 밥 때문에 일의 흐름이 끊기는 건 더더욱 싫었다. 어릴 때부터 이어져 온 습성이니 어쩔 수 없다. 하지만 계획과 달리 밥은 밥대로 못 먹고, 일은 일대로 늦게 끝나고 말았다. 식당이 문 닫을 시간이었지만 고픈 배는 좀 달래줘야겠다는 생각에 버스 정류장을 따라 걸으며 먹을 만한 데를 물색하였다. 마침 작은 식당에 형광등 불빛이 켜져 있었다. 사장님인 듯한 아주머니가 식탁을 정리하고 있었지만, 혹시나 하는 생각에 문을 열었다.

"혹시 식사할 수 있을까요?"
"혼자세요?"
"네!"
"들어와 앉으세요."

 문 닫을 시간인데도 흔쾌히 맞이해 주는 사장님의 목소리가 귀에 익숙하다. 밥 먹으라고 몇 번을 얘기해도 방에서 나오지 않던 나를 식탁도 치우지 않고 기다리셨던 어머니의 목소리 같았다. 조금 무거운 마음으로 주문을 했지만, 이내 들려오는 조리도구 소리는 가볍게 찰랑거렸다. 사장님이 먼저 얘기를 꺼낸다.

"오늘 안 좋은 일이 있어서 일찍 문 닫고 가려고 했는데, 그래도 배운 게 도둑질이라고 일찍 문을 못 닫았네요."
"무슨 일인데요?"

"오늘 재료가 일찍 떨어져서 국수 주문은 못 받는다고 했거든요. 그랬더니 어떤 아저씨가 소리를 버럭 지르면서 장사를 똑바로 하라고 난동을 부리더라고요. 그릇이 다 깨지고 난리가 났어요."

사장님의 목소리는 잠시 커졌다가 한숨과 함께 다시 잔잔해졌다. 식당 옆 빵집 사장님이 시끄러운 소리를 듣고 들어와 끌고 나가지 않았다면 큰일 날 뻔했다며, 지금도 심장이 두근거린다고 했다. 그렇게 시작한 말씀은 젊은 시절 대기업 레스토랑에서 일하면서 경험했던 모욕적인 이야기들로 이어졌다. 어릴 때 꿈이 군인이었다고 했다. 아버지의 반대로 이루지는 못했지만, 마음만큼은 아직도 군인처럼 튼튼하니, 지금까지 이렇게 버티는 거라고 하셨다. 그날 밤 사장님은 그렇게 나의 밥 동무를 해 주었고, 나는 그 분의 속상한 마음을 들어주었다.

어릴 때 읽은 동화는 수많은 낯선 사람들과

의 대화로 채워져 있었다. 지나가는 나그네가 대문이 열려있는 집에 들어가 물 한 모금을 청하고, 한밤중 길을 잃고 낯선 집에서 하룻밤을 묵는 이야기. 나무꾼은 호랑이 목구멍에 걸린 **뼈를 빼주고**, 호랑이는 은혜를 갚았다는 이야기. 낯선 그들과 연결되고 공감하며, 흩어진 의미를 모으고 싶은 우리 모두의 바람과 기대가 그런 이야기들로 표출된 것이 아닐까. 나도, 노부부도, 식당 사장님도 어제는 나그네로, 오늘은 나무꾼으로, 내일은 호랑이로 살아가고 있는 건 아닐까.

문득, 동화 속이 아닌 현실에서는 어느 정도의 사람이, 어떤 공간에서, 어느 정도의 거리에 있어야 낯선 대화가 이루어질 수 있을지 궁금해졌다. 사람이 많다고, 물리적 거리가 가깝다고 대화가 되는 것은 아니다. 반대로 거리가 멀고 사람도 없다면 대화는 불가능하다. 그러나 나는 그 적당함이 어느 정도인지 알지 못한다. 낯선 이에게 언제 말을 걸고, 어떻게 공감해야 하는지는 더더욱 어렵다. 어쩌면 그 알 수 없는 적당함을 우리는 우연이라 부르는지도 모른다. 그렇다면 나는 우연에 대한 기대를 버릴 생각이 없다. 지금껏 내 삶의 크고 작은 만남은 알 수 없는 우연으로 시작되었으니까. 그걸 필연이라 여기려고 나는 그저 의도와 의지라는 약간의 양념을 뿌렸을 뿐.

장마철이다 보니 비 핑계로 집 안에 머물러 있는 시간이 많아진다. 그동안 쌓였던 찌뿌둥함 때문일까. 이른 저녁, 무언가에 떠밀리듯 우산을 들고 집을 나섰다. 낮에 세차게 몰아치던

비도 저녁이 되니 지친 듯, 물구덩이만 잘 피한다면 걸을 만하다. 하지만 얼마 못 가 후드득…. 다시 비가 내리기 시작한다. 하늘을 보니 제법 굵은 빗줄기가 세상을 향해 가차 없이 사선을 긋는다. 엄청난 속도로 이곳까지 날아왔을 터이다. 그런데 어떻게 하여 나뭇잎은 다이빙보드처럼 가볍게 그들을 받아낼 수 있는 것일까. 천천히, 천천히, 잎맥을 따라 내려오는 방울들. 매정했던 삶의 속도가 홀연히 느려진다. 느긋하고 너그러워졌다.

빗물을 한껏 머금은 풀들은 어제보다 오늘 더 진한 색과 향기를 뿜어내고 있다. 어제 비어 있던 벤치 위에는 오늘 주먹만 한 돌덩이 서너 개가 고양이처럼 웅크리고 있고, 매일 같이 같은 곳에서 스트레칭을 하던 흰 모자의 할아버지가 오늘은 우산을 어깨에 걸치고 멍하니 북쪽 하늘을 바라보고 계셨다. 그때 나와 마주한 그들은 지금쯤 어디에서 무엇을 하고 있을까.

우리는 모두 삶의 속도가 다르다. 지금, 이 순간은 그들의 속도와 나의 속도가 만나는 시간.

그들이 나를 보고, 내가 그들을 볼 때 예상할 수 없는 삶의 변주가 시작된다. 그러니 어제의 나와 오늘의 내가 다르고, 어제의 너와 오늘의 너도 다르다. 어제 걸었던 길과 지금 걷는 길도 다르다. 다른 나와 다른 네가 서로 만나는 시간. 순간순간 변주되고 있는 삶이 아름답다.

흐르는 게 맞다

첫인상이 중요하다는 말을 많이 들었다. 그냥 하는 말인지, 정말로 중요해서 그런지 알지 못한 채 그저 공식처럼 아무런 현실 감각 없이 흘려듣는 말이 된 지 오래다. 느지막이 일어나 평소처럼 거울을 보면서 이를 닦고 머리를 빗었다. 화장실은 잠깐 머물다 가는 버스 정류장 같기에 후다닥 할 일을 마치고 나오기 바빴는데, 그날따라 모르는 정류장에 무작정 내리고 싶은 마음이 들었다. 한참 거울 속에 비친 나를 본다. 힘없이 이마 위로 내려앉은 머리카락, 그 아래 눈곱 낀 힘없는 눈과, 이제 막 재채기를 하여 얼이 빠진 코와 입을 한참 동안 들여다보았다. 근래에 이렇게 오래 나를 본 일이 또 있었을까.

"누구세요?"

 보면 볼수록 낯선 누군가가 서 있는 것만 같다. 정말 나인지 의심이 들기 시작했지만, 의식 깊은 곳에 자리 잡은 첫인상 덕분인지 저 사람은 그저 나일 거라며 고개를 휘저었다.

 "커피는 첫맛이죠!"

 누군가 스치듯 건넨 그 말을 들었을 때, 나는 아무런 공감 없이 한쪽 귀로 흘려보냈다. 그 말을 다시 주워 담은 건 일주일이 지난 후, 두 시간쯤 운전하고 가야 하는 길에서였다. 운전석 오른쪽에 놓여 있던 커피 담긴 텀블러를 보면서 그 말이 생각났다. 진한 쓴맛에 상큼한 산미가 가미된 따뜻함이 혀와 목을 타고 내려간다. 맛있다. '이 맛에 운전을 하지.' 하지만 두 모금, 세 모금을 마실수록 혀는 그 처음을 기억할 뿐 그 맛이 무엇인지 도무지 느낄 수가 없었다. 마치 첫 기억이 재방송되고 있다는 걸 의식하고 있을 뿐, '아마 그 맛일 거야. 왜냐하면 같은 커피니까.'라는 말을 되뇌며 텀블러 한 통을 다 비웠다. '그러네. 커피도 첫맛이 중요하네.'

도예공방에 새로 오신 분이 커피 드리퍼를 만들고 싶다고 하였다. 처음 배우는 분들은 보통 작은 찻잔을 만든다. 손으로 흙의 감각을 느낄 수 있도록 엄지와 나머지 손가락으로 흙을 조물조물 만지다 보면 밀가루보다는 약간 더 까칠하고 고운 모래보다는 훨씬 부드러운 흙 반죽의 매력에 빠져들게 된다. 그런데 처음부터 커피 드리퍼라니. 물통을 나르고 대걸레로 바닥 청소부터 시킬 기세였던 도예 선생님은 의외의 대답을 하셨다.

"그거야 아주 간단하죠."

옆에서 물레를 돌리던 나는 갑자기 집중력이 흐려졌고 잘 올라오던 흙은 우그러졌다. 예전에 호기롭게 드리퍼를 만든다고 시도하다가 모양도 생각대로 안 되고, 찌그러지고 깨져서 포기했던 기억이 났다. '간단하다고? 그땐 저렇게 말씀 안 하셨는데, 너무 하시네.' 선생님은 어리숙한 신입생에게 길을 안내하듯 그분 옆을 떠나지 않고 가르쳐 주셨다. 그분이 만든다기보다는 선생님이 만들어 주신다는 생각이 드니, 은근히 부러움에 욕심이 섞이면서 나도 다시 해봐야겠다는 생각이 났던 것이다.

  내 생애에 커피 드리퍼를 언제 처음 봤는지는 기억나지 않는다. 첫인상은 아마도 특이한 물건 정도였을 것이다. 하지만 커피를 좋아하게 된 이후에도 드리퍼는 드리퍼일 뿐, 그 이상도 이하도 아니었다. 그 대신 내 마음을 먼저 사로잡은 건 소모품인 커피 필터였다. 모름지기 있다가도 없어진다면 눈길을 끌기에 충분하다. 일요일 아침, 몹시도 커피가 당겼던 그날, 원두를 갈고 물을 끓인 후에야 필터가 다 떨어졌다는 걸 알았다. 급한 마음에 주방 서랍 이곳저곳을 뒤적거리다 예쁘장하게 접혀 있는 면포가 눈에 띄었다. 나름 번뜩이는 아이디어가 생각났다고 그 영특함을 칭찬하며 드리퍼에 면포를 올렸다. 거친 종이보다 부드러운 면으로 커피가 내려올 테니 그 맛 또한 기가 막힐 거라며 한껏 기대감이 부풀어 올랐다. 하지만 결과는 참담했다. 그렇게 내린 커피의 첫맛은 뭐라 형용할 수 없을 정도로 야릇했다. 두 모금 이상 마실 수가 없었다. 급히 아내를 불렀다.

"이 면포 뭐지? 여기다 커피 내렸는데, 커피 맛이 완전 끔찍한데?"
"그거 내가 치즈 만들 때 쓴 거야."

세상에, 커피에 치즈가 녹아들어 가면 이런 맛이 나는 것인가. 그 비릿하고 고약한 맛에 그대로 물러설 내가 아니었다. 다음 날 당장 면포를 사 왔다. 여러 겹으로 두툼하게 접고, 촘촘하게 바느질도 하여 면 필터를 만들었다. 면 필터는 일회용이 아니니, 돌려가며 쓰려고 세 개 정도 만들었던 것 같다. 공장에서 나온 깔끔함은 없었지만, 마치 초등학교 시절 계란프라이를 처음 만들어 먹었을 때의 자부심 비슷한 게 느껴졌다. 커피 물이 들어 진한 갈색으로 변한 면포도 뭔가 감성적이지 않냐며 아내에게 자랑을 늘어놓았다.

그렇게 면 필터까지 만들어 커피를 내려 마셨음에도, 정작 필터를 받치는 드리퍼는 늘 당연한 것이었고, 당연함의 다른 이름은 무관심이었다. 도예 선생님이 "그거야 아주 간단하죠."라고 말씀하신 날이 되어서야 나는 집에 와서 드리퍼를 유심히 들여다보았다. 거울 속 내 얼굴을 구석구석 살폈던 것처럼, 한참 동안 드리퍼를 이리저리 돌리고 뒤집어 가며 보고 또 보고, 만지고 또 만졌다.

"너는 뭐니?"

보면 볼수록 낯설고 희한하게 생겼다는 생각이 든다. 그건 그저 커피 내리는 도구일 뿐이라고 되뇌려는 순간, 그랬다간 도저히 내 손으로 직접 만들 수 없을 것 같은 불길함을 느꼈다. 드리퍼 안쪽을 가만히 들여다보았다. 커피가 내려가는 구멍으로 하얀 불빛이 들어온다. 어디서 많이 본 것 같은 기억의 익숙함이 올라왔다.

식물 가꾸기를 취미로 즐기셨던 아버지는 따뜻한 봄이 되면 화분 갈이를 하셨다. 어린 꼬마의 취미라면 아버지의 모습을 우두커니 지켜보는 것이었다. 그러다가 어느 날 흙이 비워진 화분 속을 처음 보고 적지 않은 충격을 받았다. 그 안에 큼지막한 구멍이 있었던 것. 심지어 아버지는 새로운 흙을 담기 전에 돌로 그 구멍을 메우고 계셨다. '구멍은 왜 뚫어 놓고, 그걸 또 막는 이유는 뭘까.' 세상에서 가장 희한한 그릇! 어린 시절 화분에 대한 나의 첫인상은 그랬다.

드리퍼를 손에 들고 한참 보고 있자니 화분을 똑 닮아 있었다. 화분도, 드리퍼도 담는 게 아닌 흐르도록 하는 게 목적인 것을 이제야 깨닫는다. 오래전, 화분 갈이를 잘못하여 취업 기념으로 산 내 최초의 반려 식물을 떠나보냈을 때도, 그 시절 핸드 드립으로 커피를 마셔보자고 온라인 쇼핑몰을 뒤지며 좋은 드리퍼를 찾아 헤맬 때도 그런 생각은 하지 못했다. 그릇이란 무언가를 담는 물건이라는 내 생각은 언제부터 생겨났던 것일까. 그 고정관념으로 지금껏 모든 그릇과 도자기를 바라보았으니 나는 얼마나 세상을 어리석게 바라보고 있었던 것일까. 첫인상에 대한 막연한 신뢰는 이렇게 깨져 버리고 말았다.

사실, 흐르는 게 맞다. 물은 화분을 타고 내려와 메마른 뿌리를 적시고 다시 땅으로 흐르고, 물은 드리퍼에 잠시 머물러 커피 향을 머금고는 아래로 흐르고, 또 물은 컵에 잠시 담겼다가 목마른 목을 타고 우리 몸으로 흘러간다. 머무르는 시간이 다를 뿐, 담는 그릇도 다시 흐르게 한다. 영원히 담긴다면 썩을 뿐, 세상에 영원히 머물러 있는 것이 있기나 할까. 그러니 첫인상도 흐르고, 첫맛도 흐르고, 나도 흐른다. 그곳이 어디인지 몰라도 흐르는 게 맞다. 다만 드리퍼에서 커피가 내려오듯 가볍게 흘러가고 싶다.

가을의 연주

늘 다니던 숲속 길을 산책하다 보면 버릇처럼 장소를 물색하곤 한다. 책 한 권 들고, 새소리를 음악 삼아 한나절 쉴 수 있는 곳. 혼자여도 좋고, 함께 할 수 있는 사람이 있어도 좋다. 도시락 싸 들고 아예 하루 종일 있을 만한 곳이라면 더없이 좋다. 굳이 고요하고 적막한 곳을 찾지는 않는다. 지나가는 사람 소리도 자연의 일부이니 그리 방해가 되지 않는다. 혹시 지나가던 사람이 내가 읽던 책 제목을 보고 달려와서는 "나도 그 책을 읽었는데, 재밌나요?"하고 말을 붙여도 반갑게 이야기를 시작할 수 있을 것 같고, 물 한 모금을 청하면 기꺼이 내어 주고 싸 온 도시락이라도 맛보라고 줄 수 있는 그런 장소 말이다.

지금처럼 무료 급식이 있던 시절이 아니었지만, 학교에는 널찍한 학생 식당이 있어서, 급식 신청을 한 친구들은 식당에서 점심과 저녁을 먹을 수 있었다. 신청하지 않은 친구들은 도시락을 싸 왔다. 아침부터 도시락 준비하는 어머니의 수고스러움을 전혀 알지 못하던 나이기도 했지만, 도시락을 싸달라고 고집 피웠던 이유가 있었다. 점심시간이 되면 친구들과 몰래 학교 뒷산으로 뛰어 올라갔다. 적당한 곳에 낙엽을 치우고 신문지를 깔면 근사한 식탁이 차려진다. 함께 하는 친구들은 대략 대여섯 명 정도였는데, 각자 가지고 온 도시락을 펼쳐 놓으면 식탁이 가득 찼다. 도시락 반찬이라고 해봐야 김치, 달걀, 장아찌, 콩나물, 멸치 등등 모두 비슷비슷하였고 매일 다른 반찬을 싸 올 수 있는 형편들도 아니었지만, 우리 집 멸치와 친구 집 멸치 맛은 완전히 달랐기에 맛보는 재미도 있었다. 매일 똑같은 밥에 똑같은 반찬을 가지고 오는 친구도 있었지만, 그 누구도 약속이나 한 듯 "오늘도 그거네"라는 말을 하지 않았고, 어느 날 누군가 화려하고 값비싼 반찬을 꺼낸다고 하더라도 아까워하거나 자랑하지 않았다.

지금껏 매일 먹어왔던 끼니 중, 유독 그 시절 산속에서 먹던 점심이 기억나는 이유는 반찬 때문이 아니다. 치열한 입시 경쟁으로 몸은 지치고 마음은 메말라 가던 때, 학교 뒷산은 허락받지 않은 비밀스러운 탈출구였고, 새와 바람 소리를 듣고 몸과 마음의 땀을 식힐 수 있는 시원한 그늘이 있었기 때문이었다. 혹여나 소문이라도 나서 선생님이 길목을 지키는 사태가 벌어지지 않도록 우리들은 철저히 비밀스럽게 움직였는데, 그 긴장감이란 게 마음속 간지러운 곳을 긁어 주는 듯하기도 했다.

매일 산에 올라가 점심 먹을 장소를 물색하던 걸 생각해 보니, 그때는 의식이 몸을 따라가지 못했다는 걸 이제야 깨닫는다. 지금 같으면 땅이 고른지, 개미굴이라도 있는지, 나무 그늘은 충분한지 등등 주변을 살피고 자리를 폈을 텐데, 그땐 누군가가 여기서 먹자고 먼저 말을 꺼내면 자리 먼저 폈다가 여기저기 다른 곳으로 옮기는 일이 반복됐으니 말이다. 나무 그늘이 있더라도 대여섯 명이 앉으면 누구는 그늘에, 누구는 땡볕에, 누구는 반반에 앉게 되고, 혹여나 살짝이라도 경사진 땅이라면 아래쪽에 앉은 친구는 뒤로 넘어갈 듯한 자세로 앉아야 하니, 모두가 만족하는 명당을 찾는다는 건 그리 쉬운 일이 아니었다.

 낙엽 소리가 다양하다는 것도 그때 알았다. 자리를 만드느라 쭈그리고 앉아서 손으로 낙엽을 쓸어 넘길 때 나는 소리는 발밑에서 바스러지는 소리와는 사뭇 달랐다. 운동화 밑 고무 창에 막혀 올라오지 못하는 소리는 귀를 살짝 간지럽힌다면, 귀를 가까이하고 낙엽을 손으로 쓸어 넘기는 소리는 분명 풍부한 울림이 있었다. 가끔 낙엽을 걷어내다가 다리 많은 벌레라도 튀어나올 때 "꺅"하며 호들갑 떠는 소리도 제법 잘 어울렸다. 더군다나 도시락을 다 먹고 눈싸움 대신 낙엽싸움이라도 할 때면, 후루룩 하늘로 솟았다가 떨어지는 낙엽들은 바람에 공중제비를 하며 합창이라도 부르는 듯했다. 다 큰 고등학생이 유치원 애들처럼 낙엽 위를 깔깔거리며 뒹구는 소리도 명랑했다.

그러니 기억 속 그 계절도 가을이었다. 한여름이었다면 떨어진 나뭇잎이 그렇게 많지 않았을 것이고, 나무 그늘이 그렇게 시원하지도 않았을 것이다. 기후 변화의 영향 때문인지, 아니면 감각이 둔해졌기 때문인지 올여름에는 그늘이 그리 시원하다는 생각이 들지 않았다. 기온은 35도를 웃돌고 습도도 80퍼센트에 육박하는 날씨에는 그늘도 녹아내리듯 맥을 추지 못했다. 그런 계절이 어느덧 가을 초입에 들어서자, 그늘이란 곳이 그렇게 시원한 곳이라는 걸 다시금 생각하게 된 것이다.

오늘은 점심을 먹고 동네 한 바퀴를 돌았다. 한여름이라면 상상조차 못 했겠지만, 요즘은 한 바퀴 돌고 싶은 마음을 내어 볼 만하다. 하늘이 맑은 오후, 키 큰 가로수가 드문드문 심겨 있는 도로 옆 인도를 한참 걷다 보니 재밌는 느

낌이 들기 시작했다. 마치 피아노 건반 위를 걷고 있는 느낌이랄까. 일정하게 심어진 가로수가 일정한 그늘을 만들어 내니, 나는 대여섯 걸음마다 양지와 그늘을 교차해 가며 리듬을 타고 있었다. 아직은 따가운 햇살과 이제야 시원해진 그늘. 이런 기막힌 음양의 조화라니. 양지와 그늘의 리듬에 맞춰 발걸음을 조절하니 작자미상의 노래가 흥얼거리며 흘러나온다. 따가운 햇살이 피부에 쏟아질 때는 빠른 걸음으로, 시원한 그늘이 피부를 식혀줄 때는 느린 걸음으로, 빠름과 느림을 반복하며 가을은 반주하고 나는 노래했다.

그렇게 가로수 드리워진 길을 걷다 보니 문득 뒤를 돌아보고 싶었다. 내가 지나온 피아노 건반은 어떤 모습일까? 저쪽에서 하교하는 초등학생들이 걸어오고 있었다. 아이들도 리듬을 타는지 가볍게 가볍게 걸어오고 있다. 언젠가 저 아이들도 이런 가을의 연주를 기억해 낼 때가 있겠지. 내가 그 가을, 낙엽 소리를 기억하고 있듯이.

나를 스친 사람들, 나를 스친 생각들

약속 장소를 물어물어 가야 했다. 만나기로 한 장소는 스마트폰 지도 앱에도 표시되어 있지 않았다. 버스에서 내리니 건물 구석진 곳에서 담배를 피우며 하늘을 올려다보는 사람이 있었다. '일하다 잠시 나왔나 보네', 생각하며 다가갔다.

"이 근처 자전거 길이 어디 있나요?"
"자전거 길요? 모르겠는데요?"
"아, 죄송합니다."

일만 하는 사람인가 보다. 보통은 "감사합니다"하고 돌아섰을 텐데, 스트레스 풀고 있는데 방해했다는 생각이 무의식중에 들어 죄송하다는 말이 튀어나왔다. 하는 수 없이 대충 느낌대로 한참 걸음을 옮겼다. 뙤약볕이 참 뜨거운 날이다.

횡단보도가 나타나자 마침 신호를 기다리는 아주머니가 계셨다. 요즘 길 묻는 사람이 별로 없어서일까? 아니면 내가 방해를 했던 것일까? 말을 걸자마자 화들짝 놀라시며 모자를 깊게 눌러쓴 얼굴을 내게 돌렸다.

"저쪽 길 건너 큰길 따라 주욱 가다 보면 다리 밑에 조그만 개천이 있긴 한데, 지금은 공사 중이라 자전거 못 탈 텐데…."

"아, 네, 감사합니다."

"근데, 거긴 왜 가요? 자전거도 없는 거 같은데…."

"네, 제가 여기 처음인데, 누가 거기서 만나자고 해서요."

"저기 카페도 있고, 저쪽 반대편에 도서관도 있고, 좋은 데가 많은데, 먼지 풀풀 나는 데서 뭘 하려고요? 별 희한한 데서 만나네."

이분은 다른 사람 일에 참 관심이 많으신 분인가 보다. 왜 이렇게 신호등은 빨리 바뀌지 않는지, 옆에 서 있는 내내 뭘 자꾸 물어봤다. 공격하다가 역공당하는 느낌이다.

하긴, 중고품 거래를 많이 해봤지만, 자전거 도로에서 만나자고 하는 사람은 처음 봤다. 자전거 타고 운동하러 나오는 길이니, 그쪽으로 올 테면 오라는 식이었다. 자기는 차도 위로 자전거를 끌고 올라가기가 어렵단다. 이분은 세상 참 편하게 사는 사람인가 보다.

남 일에 관심이 많으신 분 말씀대로 도로 밑은 흙을 다 파헤치고 온갖 장비들이 어지럽게 널브러져 있었다. 밤에 왔다면 영화에서 나올 법한 암거래 촬영지로 딱 어울릴 법하다.

시끄러운 자동차 소리를 피해서 도로 밑으로 조심스럽게 내려와 보니, 공사 전에는 자전거 도로가 있은 듯했다. 며칠 동안 공사를 안 했는지 파헤쳐 놓은 흙이 메말라 바람에 흙먼지가 일었다. "희한한 데"라는 말이 떠올랐다.

"여기 자전거 도로에 도착했는데요, 완전 공사판이네요. 자전거 타고 못 오실 거 같은데, 제가 개천 따라 더 내려가고 있겠습니다. 검은색 숄더백에 흰 모자 썼어요."

문자를 보내고, 물길 따라 한참 내려갔다. 내려가다 보면 자전거 타고 올라오는 사람이 있겠거니 했다. 이건 또 무슨 색다른 체험이란 말인가. '혹시 이 사람인가? 혹시 저 사람인가?' 자전거를 타는 사람들의 얼굴을 유심히 쳐다보며 개천을 따라 걸어 내려갔다.

"혹시 유모차 끌고 가세요?"

한참을 가고 있는데 상대방에서 문자가 왔다. 주변에 유모차가 있나 둘러보았다. 뒤돌아보니 50미터쯤 거리에 흰 모자를 쓴 여성이 유모차를 끌고 가고 있었다. 나는 분명 자전거 타는 사람들을 한 명이라도 놓칠세라 뚫어지게 바라보며 갔건만, 어찌하여 이 사람은 나를 지나치고 공사장 쪽으로 갔을까. 빠른 걸음으로 왔던 길을 되돌아갔다. 유모차를 끌고 가는 여자가 옆으로 지나간다. 저분은 서로 모르는 두 남자가 자신을 두고 문자를 주고받고 있다는 사실을 알고 있을까? 이 세 사람은, 아니 유모차에 있는 아기까지 네 사람은 각자의 삶을 자기 방향대로 살다가 어느 순간, 같은 장소에서 자신도 모르는 접점으로 연결되어 있었다. 나 또한 의도치 않은 어떤 지점에서, 인지할 수 없는 누군가와 끊임없이 연결되고 단절되며 살아가고 있겠지. 이것도 인연이라면 인연일 텐데 유모차에 있는 아기에게 눈인사를 건넸다.

'아가야, 늘 행복하게 지내렴.'

  자전거 남자는 청바지에 민소매를 입고 있었다. 물건을 보라며 내민 그의 굵은 팔뚝에는 전통 문양의 문신이 그려져 있었다. 용이나 호랑이 문신은 봤어도 저렇게 신라 고분에서 출토된 장신구 같은 모양은 처음 보았다. 문신이 멋있다며 한마디 던지니 그의 얼굴이 환하게 펴지며 금세 어색한 분위기가 사라졌.
하지만 그것도 잠시, 약속한 금액을 내려고 숄더백을 뒤지던 나는 심장이 뛰며 얼굴이 노랗게 되었다. 지갑이 없다. 분명 집에서 나올 때 현금 10만 원을 지갑에 챙겨 나왔는데, 온 데간데없이 사라져 버리고 말았다. 아까 버스에서 내릴 때도 사용했던 지갑이다. 소매치기를 당했나? 순간 나를 스쳐 지나간 사람들의 얼굴이 떠올랐다. 담배 피우던 사람, 신호를 기다리던 아주머니, 자전거를 타고 가던 사람들, 아기와 아기 엄마, 그리고 당황한 나를 물끄러미 쳐다보고 있는 문신남. 영화에서 보면

기가 막힌 손기술을 가진 사람들이 많던데, 이런 것을 두고 영화가 현실이 되었다고 하는 걸까?

"아, 그러시면 이체해 주시면 안 될까요? 제가 지금 빨리 운동을 가야 해서…."

세상 참 편하게 사는 문신남은 공감 능력이 없다.

"아, 그렇죠. 그 방법이 있었네요. 그럼, 계좌 좀 불러주세요."

은행 앱을 열고 계좌이체를 준비했다. 어떻게 하든 상황을 빨리 종료하고, 지갑을 찾아야겠다는 생각이 희뿌연 연기처럼 내 머릿속을 채웠다.

"네, 기업은행이고요, OOO-OOOO …."
"아, 이 계좌는 농협인데요?"

"어? 이상하다. 그럼, 신한은행 계좌를 불러드릴게요. OOO-OOOO …."

"이건 우리은행이라고 나와요."

"네? 이상하네. 분명히 신한인데. 아, 저…, 우리은행이 있긴 해요. 그럼, 우리은행 계좌로 해야겠네. OOO-OOOO …."

"이건 증권회사 계좌인데요?"

이번엔 문신남이 당황했다. 도대체 은행 계좌가 몇 개인지 모르겠으나, 부르는 계좌마다 은행 이름이 달랐다.

"혹시 님은 무슨 은행 쓰시나요?"

"카카오뱅크요."

"아, 저도 카카오뱅크 계좌가 있어요. 그럼, 그 계좌로 불러드릴게요. OOO-OOOO …."

"아, 이건 국민은행인데요?"

"진짜요? 어디요. 아, 제가 3자가 네 개 있는데, 세 개만 불러드렸네요. 죄송해요."

우여곡절 끝에 상황은 마무리되었으나, 또 다른 목적을 가진, 똑같은 삶의 궤적은 다시 한 번 반복되어야 했다. 이번엔 더 천천히, 더 섬세하게, 고개를 숙여 눈을 아래로 향했다. 버스 정류장, 건물 구석 흡연 장소, 횡단보도, 도로 아래 공사장, 개천을 따라 내려가는 길. 나를 스쳐 지나가는 또 다른 사람들, 또 다른 생각들. 그리고 가벼워진 숄더백. 계좌 속 10만 원은 문신남에게, 또 다른 10만 원과 지갑은 내가 모르는 그 누군가에게. 의도치 않은 어떤 지점에서, 인지할 수 없는 누군가와 연결되고 단절되며 살아가고 있는 내 삶의 조각들. 그 파편을 따라 지갑은 어디론가 사라져 돌아올 기미가 없었다.

새로 산 지갑과 어색한 동거가 시작된 지 한 달여가 흘렀지만, 잃어버린 지갑에 대한 아쉬움은 쉽게 가시지 않았다. 집안에 없다는 걸 알고 있으면서도 자꾸만 어딘가를 뒤지는 버릇이 생겼다. 서랍, 가방, 옷 주머니, 그늘지고 먼지 낀 책상 구석. 혹시나 하는 마음은 아내의 고개를 설레설레 흔들게 했다. 평소 카드 한두 장과 지폐 몇 장만 넣고 다니는 나를 위해 10여 년 전 아내가 특별히 고르고 골라 사준 생일 선물이었다. 시간이 지날수록 부드러운 가죽에는 짙고 짙은 손때가 고스란히 남아 있었다. 무엇에 홀린 듯 영문도 모르게 사라졌지만, 내 부주의로 떨어뜨렸을 테니 누구를 탓할 수 있을까.

"여보세요? 아…. 저기…. 혹시 지갑 잃어버리셨나요?"

어느 날 전화기 너머로 낯선 목소리가 들렸다. 식당에서 숟가락을 들려고 하는 순간이었다. 모르는 번호라 평소 같으면 무시했을 텐데 운명처럼 얼떨결에 통화 버튼을 눌렀다. 바람 소리 같은 잡음이 섞여 들어와 처음에는 무슨 말인지 잘 알아들을 수가 없었지만, 지갑이라는 말은 유난히 또렷하게 들렸다. 굵직한 남자의 목소리다. 비밀스러운 단서를 찾아낸 탐정이라도 된 듯, 나는 의자에서 벌떡 일어나 조용한 곳을 찾았다.

"아…, 네, 그런데 누구세요?"

"문자를 먼저 보내려고 했는데, 제가 운전하는 사람이라서요. 지갑 주운 지는 꽤 됐는데요, 제가 요즘 하도 정신이 없어서 까마득히 잊고 있었어요. 운전하다가 갑자기 생각이 나서요."

"네, 그런데 제 번호는 어떻게…"

"지갑에 명함이 하나 있어서 봤더니 신분증에 있는 이름이 아니더라고요. 그래도 혹시나 해서 명함 보고 전화를 했거든요. 그랬더니 잘 아는 분이라면서 그쪽 번호를 알려주더라고요."

그분은 광양제철소와 경기도를 하루에도 몇 번씩 오가는 화물차 운전기사라고 자신을 소개했다. 어느 날 밤 고속도로 휴게소에 있는 화장실에서 지갑을 주웠다고 한다. 논산에 있는 고속도로 휴게소. 그곳은 근처에도 간 적이 없다. 소설 같은 장면이 현실 한가운데로 갑자기 뛰어든 것처럼 어리둥절했다. 지갑은 누구의 손에 의해, 어떤 이유로, 저 멀리에 방치되어 있었을까.

"면허증이랑 카드 두 장, 그리고 명함 두어 장 있던데 맞죠? 죄송하지만, 돈은 없었어요. 제가 거짓말하는 사람은 아니에요. 오래 쓰신 거 같긴 한데, 보통 지갑하고 모양이 달라서 뭔가 특별해 보이더라고요. 문자로 주소 알려주시면 택배로 보내드리겠습니다."

지갑은 그렇게 내 손으로 다시 들어왔다. 한 달 전부터 생일 선물을 기다리는 아이의 마음을 오랜만에 느껴보았다. 간절히 기다리는 마음이란 게 이런 것인지, 마음 한구석에 벌레가 기어다니듯 간질간질하다. 낯선 곳에 낯선 사람을 만나러 갔던 나를 닮고 싶어도 정도껏 해야지. 지갑은 그보다 더 먼 곳에, 그보다 더 낯선 사람을 만나고 이제야 돌아오고 있었다.
책상 앞에 지갑을 세워두고 한참 동안 바라

보았다. 시작은 나의 실수였지만, 도대체 무슨 일이 있었냐고 물어도 지갑은 아무 말이 없다. 다만 지폐가 있던 자리에는 광양에 사는 낯선 분의 식지 않은 온기가 들어 있었다. 아무리 많은 돈을 주어도 살 수 없는 게 사람 마음이라지. 얼굴도, 이름도 모르는 분께 그 마음을 받았으니 바라보고만 있어도 넉넉하다. 이후로 나는 그 지갑을 책상 서랍에 고이 모셔두고 있다. 마음이 마르고 가난해질 때마다 지갑을 열어 따뜻함을 꺼내 본다.

선물의 의미

색이 벗겨지고 찌그러진 텀블러를 눈여겨보았는지 동료가 나에게 텀블러를 선물했다. 꼭 이걸로 가지고 다니라며 당부까지 했기에, 다음 날 하루 종일 보란 듯이 들고 다녔다. 사실 그즈음 기념품으로 받은 텀블러가 하나 더 있었다. 두 개가 있으면 꼭 비교하고 고민하는 게 사람의 뿌리칠 수 없는 속성이겠지만, 둘 중 하나를 고르는 건 그리 많은 시간이 필요하지 않았다.

최근엔 텀블러가 유행하면서 다양한 디자인과 색상으로 인기를 끌고 있지만, 내가 본격적으로 텀블러를 쓰기 시작할 무렵은 그 이름도 생소해서 차라리 보온병이라고 하면 더 잘 알아듣던 때였다. 시작은 커피였다. 요즘은 식사를 마치면 커피 마시러 가자는 말이 당연한 듯 나오고, 몇 걸음만 가도 카페를 쉽게 찾아볼 수 있어 입맛대로 골라 들어가지만, 내가 커피에 빠져들 무렵엔 '달달한 커피믹스' 하나면 충분하던 때였다. 처음엔 종류별로 살짝씩 홀짝이다가 언젠가부턴 매일 두 세잔 정도는 기본이 되었다. 온몸의 세포를 깨우는 듯하니 그 유혹에서 벗어나기란 여간 힘들지 않다. 혀끝을 타고 들어온 즐거움은 코로, 눈으로, 다시 손으로 퍼져 나갔고, 발걸음도 경쾌하게 리듬을 타는 걸 보면 발가락에까지 흘러가는 것이 분명하다. 원두를 갈고, 뜨거운 물을 조금씩 부을 때 보글보글 올라오는 거품과, 드리퍼 아래로 흘러 내려오는 짙은 커피를 보고 있자면 이유 없이 기분이 좋아진다. 그렇게 아침마다 커피를 내리게 되었고 텀블러는 아침 출근 시간의 필수품이 되었다.

  텀블러를 끼고 다니기 시작하면서 생긴 변화는 생각보다 많았다. 일하면서 늘 뭔가를 홀짝거리며 마시고 있다는 것. 자연스레, 마시는 물의 양도 늘고, 커피 이외에 즐기는 차 종류도 다양해졌다. 종이컵 사용이 줄어든 건 물론이다. 아침에 진하게 내린 커피를 출근길에서 반 정도 마시고, 직장에 도착하면 나머지 반에 뜨거운 물을 더 붓고 천천히 한 모금씩 마신다. 점심을 먹고 나면 따뜻한 녹차 한잔, 집으로 돌아갈 무렵엔 카페인 걱정 없는 캐모마일차가 좋다.

당시엔 주변에 텀블러를 들고 다니는 사람들이 많지 않아서, 늘 손에 들고 다니는 모습이 눈에 띄었나 보다. 그중 누군가가 텀블러 여기저기에 있는 긁힌 자국과 움푹 들어간 모서리를 보았던 것이다.

'새 텀블러가 필요할 것 같은데, 받으면 좋아하겠지?'

'볼 때마다 들고 다니니 너무 무거우면 안 좋을 것 같고.'

'크기는…, 가방에 쏙 들어가면 좋을 것 같네.'

'저 사람은 한번 쓰면 오래 쓰니까, 질리지 않

는 색이 좋겠지?'

 '음…. 이런 디자인은 예쁘긴 한데, 실용적이지는 않을 것 같고.'

 오로지 나만의 상상이다. 하지만 내 취향에 딱 맞는 텀블러를 받았으니, 이런 상상이 터무니없다고는 할 수 없겠다. 아무런 색이 칠해져 있지 않아 긁힐 염려가 없는 깔끔함, 길이 막혀 늦게 도착해도 여전히 남아 있는 커피의 따뜻함, 차에서나 책상에서나 팔을 뻗으면 한 손에 쏙 들어오는 아담한 크기. 이것은 마치 재단사가 만들어 준 옷을 입는 기분이다. 그러니 매일 아침 아무거나 손에 잡히는 걸 들고 나갈 수는 없었다. 행사에 참여한 모두에게 돌리는 기념품과 어찌 비교할 수 있을까.

 그렇게 시작된 새로운 텀블러와의 인연은 순탄치만은 않았다. 손에 들고 다니다 보니 잃어버리기 일쑤다. 짐이 많거나 정신없이 바쁜 날이면 특히 더 그랬다. 휴대폰이 사라지면 금방 알아채듯 나의 텀블러도 마찬가지였기에, 다행히 몇 시간 정도 다른 곳에 있어도 이런저런 수소문 끝에 찾아올 수 있었다. 며칠 동안 없어진 적도 몇 번 있었다. 어떨 때는 창가에서, 어떨 때는 다른 사람 책상 위에서, 어떨 때는 화장실 세면대에서 찾아오기도 했다. 사라진 텀블러를 찾는다는 내 이야기가 전해 듣고, 예상치 못한 사람이 반가운 얼굴로 들고 온 적도 있었다.

오늘도 점심을 먹고 버릇처럼 텀블러를 들고 벤치에 앉았다. 텀블러를 친구 삼아 옆에 놓고 하늘을 본다. 파란 하늘에 몽실몽실 피어오른 구름이 커피 거품을 닮았다. 아무 표정 없이, 아무 말도 하지 않고, 우두커니 내 옆에 있는 친구를 보고 있으니 엷은 미소가 지어진다. 벌써 10년. 그동안 수많은 텀블러가 내 옆을 서성였건만, 늘 이 친구가 옆에 있는 걸 보면 뭔가 대단한 인연이라도 있는 것 같다. 물만 담은 줄 알았더니 시간마저 담고 있었다.

저녁을 먹고 자리에서 일어나려고 하니, 딸이 잠깐만 기다리라며 커다란 쇼핑백에 한가득 뭔가를 들고 다시 나타났다.

"선물은 포장 뜯는 맛이지."

전날 친구들이 생일파티를 해 준 모양이다. 한동네에 오래 살다 보니 초등학교 때 친구들이 스무 살이 넘어서도 올망졸망 모여 재밌게 논다. 식탁에 펼쳐 놓은 선물들은 손바닥만 한 것부터 스케치북만 한 것까지 크기도 다양하다. 포장은 또 얼마나 예쁘게 했는지 뜯기가 미안할 지경이다. "자, 여러분, 이제 언박싱을 시작해 보도록 하겠습니다." 손뼉이라도 쳐야 할 분위기다. 포장을 뜯을 때마다 예상 밖 재미있는 소품들이 등장한다. 포장 뜯는 맛이라니. 확실히 맞다. "어, 이거 내가 제일 좋아하는 펜이네." "어, 이건 내가 지나가면서 말한 건데. 이런 걸 다 기억하다니." "이 책은 같이 본 영화 원작인데, 내가 먼저 읽고 아빠 빌려줄 테니 읽어봐." "요거는 추억의 초콜릿!" 코멘트도 재미있다.

작은 선물 속에는 좋아하는 필기도구가 무엇인지 알고 있는 관심, 그냥 한 말을 세심하게 기억하는 우정, 함께 본 영화를 책으로 남겨두고 싶은 바람을 담고 있었다. 마음 구석구석까지 알고 있을 정도로 오래 함께한 시간, 상대방을 떠올리고 뭐가 좋을지 생각하는 시간, 포장을 풀고 놀라고 즐거워하는 시간, 그리고 선물과 함께할 앞으로의 시간까지. 나를 위해 살아가는 많은 시간 중에서 길든 짧든 작은 일부를 다른 사람의 시간으로 채운다는 것, 그것이 선물의 진정한 의미가 아닐까.

장난감 상자와 수저받침

남들이 아무리 재밌다고 해도 눈길 한번 주지 않는 드라마가 있고, 영화관에 잠깐 나왔다가 며칠 만에 들어가는 영화를 운 좋게 보고 나서, 평생 소장하고 싶다며 파일까지 사서 보관할 때도 있다. 만나는 사람마다 그 드라마 얘기를 한다는 건 분명 잘 만들었다는 뜻일 테고, 개봉해도 별 반응이 없으면 뭔가 공감을 일으키지 못한 영화일 텐데, 이런 일은 왜 일어나는 걸까. 트렌드를 왜 따라가지 못하느냐고 묻는다면 '게을러서'라고 간단히 답하겠지만, 저것은 그냥 스쳐 지나갔는데, 이것은 왜 나를 붙잡았을까, 이런 의문에는 답이 궁색해지면서 한참 동안 생각에 잠기게 된다. 특히 우연히 찾아와 특별히 실력을 키워주지도 않으면서 오랫동안 나를 붙잡고 놔주지 않는 목공과 도예에 관해서라면.

동네 주택가에서 집수리가 한창이었다. 대부분을 목재로 수리하나 보다. 각목, 합판, 원목 등 다양한 목재들을 실은 트럭이 부지런히 왔다 갔다 한다. 나무를 가득 실은 트럭 옆을 지나치다 걸음을 멈추었다. 나무에서 나오는 향긋한 냄새가 마치 숲에 온 듯한 착각을 불러일으켰다. 목수인 듯한 분이 나무를 점검하고 계셔서 옆으로 가서 슬쩍 물어보았다.

"이런 나무는 어디서 오는 거예요?"
"이거요? 인천이요. 수입 목재들이 인천항으로 많이 들어와요."

그냥 지나칠 줄 알았는데 계속 옆에서 어물쩍거리며 귀찮게 하는 내게 그는 이리 와보라며 손짓하였다.

"나무에 관심이 많으신가 보네. 여기 쓰다 남은 자투리들 많은데 가져가시든가."

"아, 정말요? 이거 다 가져가도 돼요?"

"버리는 것도 돈인데, 양껏 가져가셔."

대체 왜 저런 쓰레기를 집안으로 들여왔느냐는 가족들의 따가운 눈초리를 받았지만, 나는 그저 좋았다. 그리고 다시 한번 의문이 들었다. 남들은 별로라는데 나는 왜 좋지? 본격적으로 인터넷을 뒤지기 시작했다. 목공 카페에 가입하고, 목공 블로그를 구독하고, 목공 책도 여러 권 산다. 다음으로 공구 준비가 이어진다. 공구함을 사고 가장 필요한 것부터 하나씩 채우기 시작했다. 물에 슬쩍 발가락을 담갔다가 이젠 아예 스쿠버다이빙을 하게 생겼다. 시험 삼아 만든 키친타올 걸이에 쏟아진 아내의 칭찬에 나는 더 이상 가만히 있지 못하였다. 본격적으로 목공에 시동을 걸었다. 공구에 욕심을 부리기 시작하면 큰일난다는 어느 블로거 글이 슬슬 이해되기 시작하였다.

나무로 무엇을 만들지 크게 고민하지 않았다. 가장 먼저 끌리는 것, 그러면서도 어렵지 않은 것. 그렇게 해서 첫 번째로 떠오른 건 튼튼한 장난감 상자였다. 누구도 침범하거나 가져갈 수 없는 세상, 우리집 아이에게 그것을 선물해 주고 싶었다.

뭔가를 모으는 게 재밌다는 걸 안 건 내 나이 여섯 살 때였다. 어느 집에 누가 살고 있는지 다 아는 작은 동네에서 우리 가족은 방 두 칸짜리 전셋집에 살고 있었다. 좁은 골목이 거미줄처럼 얽혀 있어서 대여섯 살 꼬마들에게는 집 밖이 재미있는 미로였다. 방 하나는 창고로 쓰고 있었으므로, 네 명의 식구는 단칸방에서 몸을 부대끼며 살았다. 하지만 내게는 작은 초록색 플라스틱 상자가 있었으니, 그곳은 부모님이 사주신 장난감 자동차와 이따금 놀러 오시는 손님들이 사주신 장난감 로봇이 모여 있는 나만의 공간이었다. 나 이외엔 누구도 손댈 수 없는 공간이었고, 내 재산이 몽땅 들어 있는 금고이기도 했다. 간혹 다른 식구들이 모두 나가고

방 하나가 온통 내 차지가 될 때면 장난감 상자를 풀어내어 바닥 한가득 펼쳐 놓고, 길을 내고, 건물을 지었다. 그 위로 전투기가 날고, 로봇들은 땅에서 하늘에서 전투를 벌였다. 전날 밤 꿈속에 나왔던 끝없는 황무지를 자동차는 먼지바람을 일으키며 달렸고, 변신 로봇은 연약한 꼬마를 끌어내리는 중력에 저항하듯 무엇이든 할 수 있었다.

골목길에서 한창 뛰어놀다 집으로 들어온 어느 날, 나의 세상이 온데간데없어진 사건이 발생했다. 한바탕 울고, 같이 찾으러 가자는 엄마의 손을 붙잡고 동네를 몇 바퀴 돌아도 내 세상은 나타나지 않았다. 세상이 무너졌던 인생의 첫 번째 경험은 그러했다. 누가 가져갔을까. 그 일은 내가 볼 수 없는 곳에서, 내가 알 수 없는 일이 벌어지고 있다는 사실을 알게 된 첫 번째 경험이기도 하였다.

그렇게 잃어버린 세상을 이제 직접 만들어 보고 싶었다. 그때보다 더 크고, 더 튼튼하고, 누구도 가져갈 수 없는 세상을 담은 상자. 어린 나에게 주는 선물이자, 우리집 아이에게 주는 선물이었다. 목재는 변형 없이 깔끔하였고, 가벼워서 꼬마가 들고 다니기에도 딱 좋을 듯하였다. 도면을 그리고, 톱질도 하고, 드릴로 구멍도 뚫는다. 튼튼하게 조립된 상자는 잃어버린 상자처럼 초록색으로 칠하기로 했다. 거실 한가운데 널찍하게 신문지를 깔고 아이에게 붓을 맡겼다. 얼굴에 묻고, 옷에 묻고, 얼룩덜룩 신나게 칠을 한다. 울고 있는 어린 나를 어린 아들이 바라보며 달래주는 듯했다. 이곳에 너의 멋진 세상을 만들어 가길…. 나는 두 꼬마에게 그렇게 속삭이고 있었다.

나무가 향기로 나의 환심을 샀다면, 촉감으로 나를 끌었던 것은 흙이었다. 오래전 어느날, 직장 선배가 도예 동호회 수업에 인원이 부족하다며 머릿수만 채워주면 된다고 손목을 잡아끌었다. 머릿수만 채워주면 된다니 별로 어려운 부탁도 아니었고, 도자기 만드는 걸 구경해 보고 싶은 호기심도 살짝 생겼다. 어색하게 멀뚱멀뚱 서있는 내게 도예 선생님은 손바닥만 한 흙을 떼어 주시며 손가락으로 찻잔 모양을 만들어 보라고 하셨다. 부드러우면서도 까칠한 흙을 오물조물 만지작거렸다.

 초등학교 미술 시간 이후, 열 손가락 끝으로 이렇게 흙을 만져본 적이 언제인지 도무지 기억나지 않는다. 늘 흙을 밟고 다니고 있건만, 멀고 먼 시간을 돌고 돌아서야 손으로 그 촉감을 느끼게 되었다는 게 말이 되는 일일까. 초등학교 때 찰흙으로 어떤 형상을 만드는 건 너무 어려웠다. 해 보고 잘 안되면 아예 손도 대지 않는 나였다. 그러니 지금껏 그쪽을 쳐다볼 일이 없었다.

찻잔을 만들어 보려고 했는데 만들고 보니 울퉁불퉁한 간장 종지 같았다. 선생님은 먼지 낀 선반 위에서 청자 찻잔을 하나 꺼내면서 내가 만든 것이 불에 들어갔다 나오면 이렇게 된다고 말씀하셨다. 설마. 유쾌함을 넘어 과장이 좀 지나치신 분이구나. 그렇게 첫 시간을 마쳤다.

 일주일 내내 공방에 두고 온 종지 같은 찻잔이 신경을 건드렸다. 선배에게는 딱 한 번만 간다고 했는데, 자꾸 눈앞에 어른거린다. 도예 선생님이 보여 주셨던 청자 찻잔도 겹쳐 보인다. 저게 청자가 된다고? 그렇게 한 번이 두 번이 되고, 두 번이 세 번이 되었다. 결국 나의 첫 도자기는 청자는커녕 구석기 시대 유물 같은 모양으로 불에서 나왔다. 그래도 유물이라고 생각하니 실망스럽지는 않다. 아내에게 보여줬더니 세상에 하나밖에 없는 멋진 작품이라며 또 칭찬을 해준다. 또다시 나는 가만히 있지 못하였다.

 뭘 만들지 고민하는 내게 도예 선생님은 가장 쉬우면서도 실용적인 걸 추천해 주셨다. 수저받침! 흙을 평평하고 고르게 밀고, 적당한 크기로 자른 다음 원하는 모양을 새겨 넣으면 끝이었다. 아무리 간단해도 너무 평범한 건 좀 그렇다. 눈앞에 놓인 흙을 바라보니 수저와 관련된 옛 기억이 떠오르기 시작했다. 창피한 기억은 얄궂게도 좀처럼 지워지지 않는다. 시골 할머니 댁에 갔더니 마침 검은 콩을 많이 넣은 밥이 나왔다. 내가 가장 싫어하는 밥이다. 우리집이었으면 콩은 빼달라고 달라고 했을 텐데, 큰아버지가 무서워서 말도 못 꺼냈고, 더군다나 콩을 골라낸다면 불호령이 떨어질 게 뻔하였다. 하는 수 없이 눈을 딱 감고 주는 대로 먹을 수밖에 없었다. 커다란 어른 숟가락으로 검은콩이 뒤덮인 밥을 떠서 입으로 넣었다. 그때 동네 옆집에서 놀러 오신 아주머니가 나를 보더니 속도 모르고, 어린애가 어떻게 저렇게 밥을 잘 먹냐며 머리를 쓰다듬어 주셨다. 그 순간 나는 먹은 것을 모두 토해 버리고 말았다. 밥상이 온통 엉망이 되었고, 머리가 하얘졌기에 그 후 밥을 먹었는지 말았는지 기억이 나지 않는다.

결혼하고 첫째 아이를 키우다 보니 먹성 좋은 다른 집 아이가 부러웠다. 아이가 작게 태어나서 그런지, 아니면 부모의 욕심이라 그런지, 아이는 항상 양을 다 먹지 못하는 것 같았다. 잘 먹는다며 온갖 칭찬을 동원해서 많이 먹였다 싶으면 잠자리에서 토하기 일쑤였다. 그럴 때마다 먹을 때는 절대 칭찬을 하지 말아야겠다고 다짐했지만, 부모의 욕심은 쉽게 포기하기가 어려운 가보다. 둘째를 키울 때는 뭐든 잘 먹으면 좋다고, 먹고 싶다는 걸 다 먹였더니 달고 기름진 것이 아이의 입맛이 되어버렸다. 이렇든 저렇든 부모는 늘 걱정과 함께 산다.

혹시나 수저받침이 재밌게 생기면 맛없는 것도 즐겁게 먹을 수 있지 않을까 하는 생각이 들었다. 뭐든 잘 먹는 귀여운 아기돼지를 새겨 넣어보기로 했다. 도예 선생님께 말했더니 아예 도자기로 도장을 만들어 보라고 하셨다. 아기돼지 얼굴을 음각으로 새긴 도장을 만들고 나서, 사각 흙판에 찍어내면 한꺼번에 많이 만들 수 있다고 하셨다. 굿 아이디어! 숟가락질할 때마다 귀여운 아기 돼지를 보면 입맛이 돋아나겠지?

 부모의 기대는 성공할 확률이 미비하다는 걸 또 한 번 실감했다. 아이는 여전히 맛있는 것만 골라 먹고, 입맛에 안 맞는 게 나오면 먹는 둥 마는 둥 한다. 그래도 괜찮다. 그 덕에 예쁜 수저받침은 남았으니까. 언젠가 아이가 크다 보면 그곳에 들어 있는 내 마음을 볼 수 있을 날이 오지 않을까?

 그 이후로 10여 년이 흘렀다. 지금은 집 베란다 한쪽에 작은 목공실을 만들어 놓고 수시로 뚝딱거리고 있다. 도예 공방 역시 참새 방앗간 들리듯 들락거렸더니 도예 선생님은 늘 믿고 의지하는 인생의 선배이자 친구가 되었다. 거기서 만든 물건이 엉성해도 좋다. 실력이 늘지 않아도 좋다. 그저 재미있고, 시간 가는 줄 모른다면 최고의 놀이터다.

 생각해 보면 어릴 때부터 꼼지락거리며 만들기를 좋아했던 것 같다. 일곱 살 무렵, 골목길

깊숙한 곳에 있던 집을 떠나 새로 이사 간 집에는 마당 뒤쪽에 작은 창고가 하나 있었다. 톱, 망치, 삽, 낫 등의 공구들이 벽에 기대어 있었고, 그 옆에는 수북한 모래더미와 흙더미, 그리고 각종 목재가 쌓여있었다. 그곳이 나의 전용 놀이터가 되는 건 시간문제였다. 온갖 위험한 도구들이 놓여 있는 그곳을 자유롭게 드나들 수 있도록 허락하신 부모님이 신기하다. 10대 사춘기가 시작되면서 창고 놀이터를 뒤로 하고 또 다른 세상을 향해 달려갔다. 세상에는 싫어도 해야 하는 게 더 많다는 걸 알게 되고, 그걸 받아들이는 데는 오랜 시간이 필요했다. 그러다 어느 순간, 내게도 좋아하는 게 있었다는 걸 알게 되었다. 나무 냄새를 맡고 흙을 만지다 보면 그 오랜 시간 속에 파묻혀 있던 보석 같은 추억이 틈새를 비집고 흘러나와 지금을 비추는 듯하다. 어떻게 하다가 목공을 하고 도예도 하게 되었냐고 사람들이 물어본다. "모르겠어요. 어찌어찌하다 보니 그렇게 됐어요."

3부 꽃이 피다

흔들리는 겨울

 버스를 탔는데 손에 들고 있던 봉지에서 혹여나 냄새가 올라와 퍼질까 봐 신경이 여간 쓰이는 게 아니었다. 주인아주머니는 기름에서 막 건져낸 뜨거운 호떡을 종이봉투에 하나씩 넣더니, 비닐봉지에 모두 담아 건네면서 한동안 열어두라고 하였다. 한동안이 어느 정도인지는 모르겠으나, 한참 기다릴 줄 알았던 버스가 금방 도착했으니, 얼떨결에 비닐봉지를 싸매지도 않고 탔던 것이다. 잠시 후 똘망똘망한 목소리가 들렸다.

 "엄마, 맛있는 냄새가 나."

 내 앞에 앉아 있는 네다섯 살 되어 보이는 아

이가 옆에 서 있는 엄마의 소매를 흔든다. 죄지은 사람처럼 흠칫 놀라서 얼른 봉지를 묶었다. 다행히 가방 속에 비닐봉지가 하나 있었으니, 꺼내서 이중으로 포장하고 나서야 창밖으로 시선을 돌릴 수 있었다. 눈발이 조금씩 날리기 시작한다. 일주일 사이에 남대문 시장이 벌써 네 번째이다.

 올봄이 시작될 무렵, 아이 방에서 발견한 카메라 가방이 시작이었다. 꽤 무거운 카메라와 렌즈가 들어갈 만큼 가방은 큼지막했고, 빛바랜 천에는 오랫동안 바깥 구경하며 햇볕을 쬔 세월의 흔적이 남아 있었다. 며칠이 지나도 그 자리에 있길래, 등굣길에 아이를 데려다주면서 슬쩍 말을 건네 보았다.

 "그 카메라 가방은 뭐니?"
 "그냥 친구가 빌려줬어."

 사춘기 중학생을 두 번째 키우다 보니, 대답

의 의미를 금방 알아챘다. 더 이상 말하고 싶지 않다는 뜻이다. 어떤 친구냐, 왜 가방만 있냐, 카메라는 어디 있냐, 카메라도 빌렸냐, 그런 걸 왜 빌렸냐, 등등 물어볼 수 있는 말이야 많겠지만 그러다 보면 긁어 부스럼 만들기 십상이다. 이럴 땐 기다림이 최고의 처방이다. '때 되면 얘기하겠지.' 속으로 그러고 말았다.

얼마 지나지 않아 아들이 먼저 말문을 열었다. 슬며시 방문을 열더니 뜬금없이 아빠는 카메라가 없냐고 묻는다. 스마트폰이 생긴 이후로 소리 없이 자취를 감춘 디지털카메라가 생각났다. 스마트폰이 없을 때였으니 한 몸처럼 끼고 살다시피 했는데, 이제는 나이로 치면 아이보다 몇 살 더 많을 만큼 오래됐다. 쓸모없어졌다고 금방 처분하는 성격이 아니다 보니, 이름하여 나의 '고물' 상자 안에 있음이 틀림없었다. 오랜만에 고물 상자를 열었다. 이런저런 추억들이 나온다. 버스 토큰, 고등학교 배지, 삐삐, MP3 플레이어, 그리고 일명 똑딱이라고 불렸던 디지털카메라. 아이는 배터리가 방전돼서

켜지지도 않는 카메라를 보더니 눈이 휘둥그레지며 낼름 가져갔다. 뭔가 퍼즐이 맞춰지기 시작한다. 다만, 퍼즐을 맞출 수 있다고 자신감 있게 먼저 말을 꺼냈다가는 다 된 밥에 재를 뿌릴 수 있어서 좀 더 기다려 보기로 했다.

출근길과 등굣길 동선이 일부 겹치기에 그날도 아이를 학교까지 태워주었다. 차에 타자마자 아들이 오늘 아침 하늘이 정말 예쁘지 않으냐며 말을 꺼냈다. 이건 또 웬 감수성일까. 변성기 목소리에 여드름 난 중학생이 하는 말인가 싶다. 그래도 오랜만에 들어보는 긍정적인 말이라 맞장구를 쳐주었다. 기분이 좋은지 이야기를 술술 풀기 시작한다. 어제 집에 오면서 붉게 물든 하늘을 스마트폰으로 찍었다고 했다. 운전하고 있는 나에게 폰을 얼굴 밑으로 들이밀며 사진이 어떠냐고 묻는다. 곁눈질로 대충 보고는 아주 멋진 사진이라며 폭풍 칭찬을 해주었다. 이쯤 되니 아들도 분위기가 괜찮다고 생각했나 보다. 슬쩍 카메라 얘기를 시작한다. 사실 친구한테 부탁해서 값싼 중고 DSLR을 샀다고 했다. 가방 속에서 꺼낸 카메라는 말이 카메라지 흠집이 여기저기 나고 벗겨져서 그냥 가지라고 해도 꺼림직할 만한 물건이었다. 출시된 지 20년은 넘은 것 같다. 혹시나 딴짓한다고 잔소리 들을까 봐 몰래 가지고 다니며 찍었다고 한다. '얼마나 하고 싶었으면….' 얘기를 듣고 나니 목구멍에 뭐가 걸린 듯, 불편함과 씁쓸함이 온종일 떠나지 않았다. 20년 전쯤, 나도 남들처럼 그런 폼나는 DSLR을 가지고 다니면서 가족사진을 찍어주고 싶었다. 하지만 빠듯한 생활에 한 달 치 월급을 주고 사기에는 사치였기에, 대신 작은 똑딱이를 마련했던 것이다.

고민 끝에 이번만큼은 안 되겠다 싶어서 큰 마음을 먹고 요즘 나오는 전문가용 카메라와 렌즈를 샀다. 그리고 이제 아들을 불러다 앉혀 놓고 이른바 증정식이란 걸 했다. 이런 거에 너무 시간을 많이 빼앗기면 안 된다, 공부를 게을리하면 안 된다, 사진 찍는다고 위험한 데 다니면 안 된다, 비싼 물건이니 관리를 잘해야 한다, 등등 이번 기회에 참고 있던 온갖 훈계를 했다.

잔소리는 이럴 때 해야 한다. 눈은 카메라에 가 있었지만, 귀로는 듣고 있었는지 모든 잔소리에 긍정적인 대답을 한다.

이제부터는 눈치 안 보고 사진을 찍어도 되니, 아들은 올해 내내 대놓고 아빠를 운전기사처럼 부려 먹었다. 평일 퇴근하고 나면 야경을 찍으러 갔고, 주말이면 한두 시간 차를 타고 교외를 돌아다녔다. 한여름에는 은하수를 찍고 싶다고 해서 새벽에 강원도까지 다녀왔으니, 그 열정만큼은 칭찬할 만했다. 그 덕에 나도 생각지도 못한 여행을 하면서 몰랐던 곳도 알게 되었고, 아이와 이런저런 숨겨둔 얘기를 나눌 수 있었다. 몸은 피곤했으나, 재미도 넉넉히 챙겼으니 밑지는 장사는 아니었다.

두 주 전쯤, 혼자 야경을 찍는다고 나간 아이가 얼마 지나지 않아 집으로 돌아왔다. 들어오자마자 나에게 투덜거리기 시작한다. 카메라에 에러가 생겨 제대로 찍지도 못하고 왔다는 것이다. 내가 만든 것도 아닌데 사줬다는 이유로 책임까지 져야 하는 걸까. 이유를 알 수 없는 이런 종류의 책임감이라니. 이리저리 테스트해 보니 카메라가 아니라 렌즈가 문제였다. 사진을 잘 아는 분께 전화하니 남대문 시장에 있는 단골 수리점을 소개해 주셨다. 워낙 시장 구경을 좋아하니 남대문 시장은 꽤 오래전에 즐겨 갔던 곳이다. 칼국수와 갈치조림을 먹으러 다녔던 곳인데, 카메라 때문에 가게 될 줄은 꿈에도 몰랐다. 위치를 보니 대충 어디쯤인지 알 것 같았다. 잘 아는 고장이라며 걱정하지 말라는 수리점 사장님은 얼굴에 웃음을 띠고 계셨다. 60대 중반은 족히 넘어 보였는데, 웃음이 그려진 얼굴은 하루아침에 생길 수 있는 종류가 아니었다. 늘 웃고 있어서 웃음 근육이 단단히 생긴 얼굴, 누구든 마주하면 믿음이 갈 수밖에 없는 인상이다.

그렇게 넉넉한 인품을 품은 모습이 아니었다면, 나도 아이처럼 투덜거리며 짜증을 낼뻔했다. 다음날, 수리가 잘 됐다는 메시지가 도착하자마자 소파에서 벌떡 일어나 남대문에 다녀왔건만, 집에서 테스트를 해 보니 똑같은 에러 메시지가 다시 떴다. 그렇게 해서 어제 세 번째, 그리고 오늘 다시 네 번째 남대문 시장을 다녀온다. 어깨에는 묵직한 렌즈가 들어 있는 가방을, 손에는 고소함이 올라오는 호떡 봉지를 들었다.

비닐봉지에 이중으로 쌌지만, 손 아래에서 올라오는 냄새는 여전히 코를 간지럽혔다. 퇴근길 버스 안. 누가 봐도 출출한 사람들. 냄새가 왕창 올라왔으면 난동이라도 났을 법하다.

"엄마, 맛있는 냄새가 나."

아이가 엄마 소매를 또 흔든다. 내 마음도 흔들린다. 안 되겠다. 꽁꽁 싸맨 비닐봉지를 다시 풀어 호떡 한 봉지를 아이에게 건넸다. 뭐, 괜찮다. 오늘은 호떡을 넉넉하게 샀으니까.

아이의 얼굴에는 출출한 겨울밤, 아버지의 퇴근을 기다리던 어린 나의 모습이 있었다. 집으로 돌아오시는 아버지의 두 손에 뭐라도 묵직한 봉지가 들려 있기를 바랐던 마음. 그때 아버지도 퇴근길 버스에서 묵직한 호떡 봉지를 들고 오시며 기대에 부푼 나의 마음을 상상하셨을까? 아버지는 오래전 하늘나라로 가셨고, 이제는 내가 그런 아버지가 되었다. 그때 아버지의 마음을 이제야 알 것 같다. 창밖으로 화려한 크리스마스트리가 지나간다. 한 입 베어 문 아이가 살짝 뒤돌아 내게 미소를 보냈다. 따뜻한 크리스마스 선물을 나눈 기분이다. 완벽해진 렌즈를 받고 웃음 지을 아들의 얼굴도 떠올려 본다. 올해는 화이트 크리스마스가 되려나. 여전히 눈발이 날린다.

감자 말고 고구마

감자에 대한 내 최초의 기억은 갓 쪄낸 감자 껍질을 살살 벗긴 후, 커다란 대접에 넣고 숟가락으로 이기고 설탕을 솔솔 뿌려 먹던 일이었다. 주말이면 느지막이 일어나 형과 내가 해 먹던 간식이다. 뜨거운 감자는 숟가락 하나면 잘 이겨졌다. 여기에 마요네즈를 살짝 섞는다면 그 부드러움이 아이스크림 못지않았다. 어릴 적 우리 집에서 감자하면 빼놓을 수 없는 또 한 가지는 감자전이었다. 감자를 통째로 갈아서 고운 체에 밭치면 물기가 빠지고, 스멀스멀해진 감자에 부추를 듬뿍 썰어 섞는다. 그리고 숟가락으로 몇 덩이 덜어 프라이팬에 넓게 펼쳐 부쳐낸다. 어머니는 편리한 믹서기를 놔두고 꼭 강판에 감자를 갈았다. 옆에서 구경하던 내가 재밌겠다 싶어 내가 갈겠다고 나섰다가 손끝에서 피가 나기도 했다. 시각과 미각뿐 아니라 그렇게 촉각까지 강렬하게 자극했던 탓인지, 감자에 대한 사랑은 지금껏 이어지고 있다.

  결혼한 후에는 감자에 대한 사랑이 잠시 주춤했다. 나는 어릴 때 고구마에 대한 추억이 그다지 없어서인지 고구마가 그리 끌리지 않았는데, 아내는 완전히 고구마파였다. 감자 수확 철이 되면 부모님은 감자를 상자째 수북하게 쌓아 두셨기에, 결혼 후 나도 그래야 할 것 같았다. 필요하면 조금씩 사다 먹지 저걸 어떻게 다 먹느냐며 아내는 한숨을 쉬었다. 아니나 다를까, 소비는 왕성하지 않았다. 습기가 많았던 신혼집의 특성도 한몫했다. 일부는 썩고, 일부는 철없이 싹을 틔우기 시작했다. 하긴, 맞벌이를 했던 두 식구가 집에서 얼마나 많이 먹겠다고 감자를 상자째 사놓았던 것일까?

  우리 집 감자 소비량이 늘기 시작한 것은 둘째 아이가 좀 크고 나서였다. 신혼 초 잠시 주춤했지만, 감자 사랑이 멈춘 것은 아니었다. 그해, 전국적으로 감자 농사가 너무 잘 돼서 감잣값이 폭락했다. 감자구매 운동 비슷한 게 생겨났고, 우리 집에도 다시 감자가 상자째 들어왔다. 다행히 그때는 볕이 잘 드는 집으로 이사해서 바람 잘 통하는 곳이 있었고, 신문지를 넓게 깔고 잘 말리는 등 보관에도 신경을 썼다. 이렇든 저렇든, 이때다 싶어 하루가 멀다 하고 어릴 때 어깨너머로 배운 감자전을 부치기 시작했다. 프렌치프라이에 익숙한 아이들을 위해 최대한 바삭하게 부쳤고, 기호에 맞게 먹어 보라고 케첩이나 머스타드소스도 동원하였다. 감자는 그 특유의 심심한 맛 때문에 거의 모든 소스와 잘 어울린다. 심심해 보이는 사람이 보면 볼수록 매력적인 것처럼 감자도 그런 사람을 닮았다.

감자를 무슨 맛으로 먹는지 모르겠다며 늘 고구마를 찾던 아내가 어느 순간 아이들보다 먼저 감자의 매력을 알아보기 시작했다. 맛도 맛이지만, 특히 여름방학 때 감자는 우리 집 필수품으로 자리를 잡았다. 돌아서면 뭐 먹을 게 없냐는 '무시무시한' 말을 하는 나이가 될 무렵, 일찌감치 감자의 맛에 길든 아이들은 지겹다는 말을 한마디도 하지 않았다. 감자가 떨어져서 카레, 닭볶음탕, 찜닭에 고구마를 대신 넣은 날이면 어김없이 감자를 넣어 달라는 요청이 들렸다. 필요할 때마다 조금씩 사서 먹는 수준은 이미 오래전 얘기가 되었다.

"거봐, 감자가 더 맛있다고 했잖아."

하지만 늘 이런 말을 하던 내가 "감자 말고 고구마!"라고 말하는 날이 올 줄은 몰랐다. 그리고 이제 6년째, 매일 고구마 도시락을 싸가게 될 줄은 더더욱 상상하지 못했다.

사건의 발단은 2020년 코로나19로 온 세상이 뒤숭숭하던 때였다. 믿어야 할 사람을 믿지 못하고, 보고 싶은 사람과 함께할 수 없는, 그야말로 극단적 격리의 시대였다. 먼 나라 다른 사람들의 이야기로 무심코 넘겼던 짧은 뉴스 한 토막이 나와 가족 속으로 깊이 들어올 줄을 누가 알았을까. 초기에는 잘 피했지만 결국 나는 확진자와 같은 공간에 있었다는 이유로 자가격리 대상이 되고 말았다. 나는 갇혀있다고 해도 어렵게 등교를 시작한 아이들이 걱정되었다. 당시에 초등학생과 고등학생이었던 아이들의 학교에 전화부터 했다. 두 학교 모두 격리가 끝날 때까지는 등교를 중지하라고 하였다. 초등학생이었던 아들은 은근히 좋아하는 눈치였으나, 입시 준비로 바빴던 고등학생 딸은 깊은 한숨을 내쉬었다.

　종일 학교에서 생활하던 딸은 2주 격리기간 동안 공부해야 할 자료를 모두 집으로 가져와야 했다. 격리자가 있는 가족이 학교에 갈 수는 없었기에 누군가에게 부탁해야 하는 상황이었다. 책과 노트의 양도 많을뿐더러 옆집 문고리에 걸린 배달 음식만 보아도 꺼림직한 마음이 들던 시기였다. 생각나는 사람이 딱 한 사람 있었다. 10여 년 전, 가까이 살자며 우리 동네로 이사온 학창 시절 단짝. 이제는 형제나 다름없는 친구다. 퇴근길에 간단히 책을 찾아 가져다줄 거로 생각했는데, 이것도 쉬운 일이 아니었다. 딸의 친구가 책상과 사물함에 있는 모든 물건과 책을 한 짐 싸서 경비실에 맡겼는데, 마침 당직 근무하시던 경비 아저씨가 무슨 일 때문인지 다른 분으로 급히 교체되었나 보다. 짐을 받으러 간 내 친구에게 새로 오신 경비 아저씨는 그런 짐은 없다고 하였다. 책 주인이 책을 찾으러 갈 수 없는 것도 이상한데, 그 책의 행방조차 묘연해졌다니 타들어 가는 마음을 어떻게 표현할 수 있을까. 다음날 나의 친구는 딸의 손발이 되어 주었고, 수소문 끝에 후문 경비실에 방치되어 있는 짐을 발견하였다. 멀쩡히 정문 경비실에 맡겨 놓은 짐을 누가, 왜 거기로 옮겨놨는지 알 수가 없었다. 그날 밤, 안방에 격리된 나에게 거실 건너 다른 방에서 문자 하나가 날아 왔다. "아빠, 책이 무사히 왔어요." 안도의 한숨이 나왔다. 그런 문자 하나가 기쁨을 주던 날들이 이어지고 있었다.

초등학생은 그럭저럭 잘 지내고 있는 것 같았지만, 기말고사를 앞두고 있던 고등학생은 초조와 불안으로 하루하루를 견디고 있는 듯했다. 수업 중 이루어지는 발표와 수행평가는 참여할 수가 없었고, 수업 시간에 필기한 내용을 보내달라는 부탁에 친구가 보내준 사진에는 중요한 내용이 빠져 있었다. 2주 후 무사히 격리가 해제된 날, 학교를 다녀온 딸의 얼굴은 아주 어두웠다. 하루 종일 쉬는 시간도 없이 과목별로 선생님을 찾아다니며 과제를 검사받고 수행평가를 받아야 했다. 그래도 그 정도는 괜찮았다. 결정적으로 눈물이 쏟아진 것은 과학실험 수행평가에서였다. 모둠별 실험이 있던 날에 등교하지 않았기 때문에 0점을 받았다고 했다. 선생님은 "너 하나를 위해 아이들이 다시 실험할 수는 없으니 어쩔 수 없다"라고 하셨단다.

아빠가 특정 공간에 다른 사람과 함께 있었다는 이유로 아이가 0점을 받아야 한다는 건 도저히 이해할 수가 없었다. 그렇지 않아도 미안한 마음이 가득한데, 가만히 있을 수가 없었다. 알아서 할 테니 학교에는 절대 얼씬도 말라는 아이의 말을 뒤로 하고, 즉시 학교에 상담을 청했다. 모두가 어렵고 민감한 시기였고, 전국의 모든 학교가 이런 일은 처음이었다. 상담 후에도 일은 쉽게 마무리되지 않았다. 담당 과목 선생님께 불려 간 딸은 도리어 혼이 났고, 난처해진 담임 선생님은 아이를 달래고 위로해 주었다. 하지만 "사는 게 원래 다 그래"라는 말로는 누구도 수긍할 수 없는 일이었다. 담임 선생님은 좀 더 기다려 보자고 했다. 예상치 못한 일들이 계속 벌어지고 있었기에 학교도 분주히 대책을 마련하는 듯했다.

 선생님 말씀대로 일주일쯤 기다리니 소식이 들렸다. 학생에게 피해가 가지 않도록 세부 기준을 마련하였다고 했다. 그동안 속상한 마음을 내색하지 않았던 딸은 그제야 웃으며 입을 열었다. "이게 다 아빠 때문이야." 나 때문에? 맞는 말이긴 하다. 대책을 세워야 했다. 사람들이 모일만한 자리를 피하는 건 물론이고, 이제부터는 마스크를 벗고 뭘 먹지도 말아야겠다고 다짐했다. 답은 하나. 도시락이었다. 아내에게 부탁했다.

 "나 내일부터 도시락 싸줘요. 고민할 것 없이 감자만 싸면 돼. 감자는 안 질리거든."

 아내는, 감자만 먹고 어떻게 사냐며 말이 되는 소리를 하라고 했다. 하지만 내 주장에는 변함이 없었다. 나는 감자가 너무 맛있다, 세 끼 모두 감자만 먹는 것도 아닌데 뭐가 문제냐, 매일 반찬 걱정 안 해도 되니 얼마나 좋냐, 등등 그럴듯한 이유를 늘어놓았다. 아내는 며칠 못 갈 거라고 하며 못 이기는 척 다음날 감자 도시락을 싸주었다. 센스 있게 방울토마토, 삶은 달걀을 같이 넣어주었다.

며칠 못 갈 줄 알았던 감자 도시락을 3개월 남짓 먹고 있던 때, 우리 동네 단짝 친구가 고구마 한 상자를 주었다. 그해 어머니가 고구마 농사를 지었는데 아주 잘 되었나 보다. 고구마를 좋아하는 아내가 한입 먹어 보더니, 너무 맛있다며 당장 몇 상자를 더 사자고 했다. 고구마 상자가 쌓이자, 도시락은 드문드문 감자 대신 고구마로 채워졌다. 극적인 반전이라기보다는 부드러운 적응이라고 해야 할까. 고구마에 조금씩 익숙해졌다.

사실 식은 삶은 감자는 매력이 없다. 모락모락 올라오는 따끈한 김과 입안에서 살며시 부서지는 감촉은 오직 갓 쪄서 내온 뜨거운 감자에서만 맛볼 수 있다. 그렇게 먹어야 하는 감자를 냉장고에 너덧 시간 넣어 놓았다가 먹으면 전혀 다른 맛이 난다. 딱딱하고 떫은맛이 전부라고 해도 과언이 아니다. 식은 감자의 퍽퍽함에 질려갈 무렵, 촉촉하고 달콤한 호박고구마는 너무나 돋보였다. 식은 고구마는 퍽퍽하지도 않고 떫은맛도 없으면서 달콤함은 더했다. 그러니 이제 아내에게 이런 말을 할 때가 되었다.

"내일부턴 감자 말고 고구마!"

코로나19 대유행은 지나갔지만, 고구마 도시락은 이후로 지금까지 6년째 이어지고 있다. 주위 사람들은 그게 어떻게 가능하냐고 물어보지만, 고구마 도시락을 먹는 시간이 즐겁지 않았다면 불가능했을 것이다. 점심시간이 되면 고구마를 한입 물고 습관처럼 창밖을 내다보고 있다. 하루하루 연두색 싹을 틔우는 나무, 비가 오면 어김없이 올라오는 흙냄새, 바람부는 소리와 새소리, 그리고 무슨 말인지 알 수 없는 사람들의 수다와 웃음소리. 이렇게 하루 한 번, 소중한 일상을 옆에 두고 느껴보는 시간이 좋아졌다.

  감자가 포슬포슬한 어린 시절의 추억이라면, 어쩌다가 고구마는 코로나19가 쓸고 간 흔적이 되었다. 모든 것이 조심스럽고 모든 이를 의심해야 하는 비정상의 시기는 평범한 일상이 얼마나 소중한지 뼈저리게 느끼게 해주었다. 강제로 마스크를 쓰고 힘들게 학교생활을 하고 있는데 설상가상 또 다른 짐을 더해준 일이 "다 아빠 때문"이었겠지만, 어떻게 하다가 이렇게 고구마 도시락을 먹게 되었는지, 언젠가 아이들도 아빠의 작은 노력을 떠올릴 날이 오지 않을까. 늘 고구마 수확 철이 되면 몇 상자씩 공급해 주는 친구가 있는 한 고구마 도시락은 앞으로도 계속될 것 같다.

미나리 예찬

 도시에서 시골로 시집온 어머니는 미나리를 싫어하셨다. 시장에서 미나리를 사 와 다듬으려고 하면 어김없이 거머리가 나왔던 탓이었다. 나도 그때 거머리라는 걸 처음 보았다. 어린 시절, 어머니 옆에 붙어 있는 걸 좋아했던 나는 수돗가에서 미나리를 다듬고 계시던 어머니가 갑자기 소리를 지르는 바람에 같이 소리를 질렀다. 자세히 들여다보니 미나리 줄기에 꿈틀꿈틀하는 뭔가가 움직이고 있었다. 아마도 내 나이 다섯 살쯤 되었던 것 같다.

 초등학교에 들어갈 무렵, 우리 가족은 먼 동네로 이사했다. 집 가까이에 널찍한 강이 있었는데, 강가 옆에 미나리꽝이 있었다. 미나리를 키우는 논을 미나리꽝이라고 하는데, 보통은 어린아이 무릎까지 물이 차 있다. 동네 친구들은 어른들 몰래 미나리꽝에 들어가서 놀곤 했다. 양말을 벗고 바지를 허벅지까지 올린 다음, 맨발로 조심스레 들어가면 부드러운 진흙이 발바닥을 간질였다. 우리는 미나리 사이를 왔다 갔다 뛰어다니다가 진흙을 뭉쳐서 이 친구 저 친구에게 던지며 깔깔대었다. 그러다가 한번은 주인아저씨가 "이놈들!"하고 소리를 지르며 뛰어왔는데, 우리는 화들짝 놀라 신발을 신을 새도 없이 맨발로 줄행랑을 쳤다. 한걸음에 집으로 달려와 안도의 한숨을 쉬고 있을 때, 내 눈앞에는 끔찍한 장면이 연출되고 있었다. 다리에 거머리가 두세 마리 붙어 있었다. 거머리 입장에서는 오랜만에 웬 떡이냐 싶었겠지만, 가뜩이나 거머리가 싫었던 어머니는 아들 다리에 달라붙어 있는 거머리를 보시고는 눈이 휘둥그레지셨다.

거머리에 대한 어머니의 혐오 때문에 우리 집에서는 미나리를 거의 먹지 못했다. 요즘은 미나리를 깨끗하게 씻어서 깔끔한 봉지에 넣어

팔기 때문에 거머리가 있을 리가 없다고 말씀을 드려도, 어머니는 그럴 리가 없다며 고개를 흔드신다. 미나리를 먹으려다 거머리까지 먹는다며 그런 소리를 하지 말라고 하신다.

 미나리를 본격적으로 먹게 된 것은 결혼하고 난 이후였다. 특별한 계기는 없었다. 마트에서 장을 보다가 향긋한 느낌이 나길래 집어 들었고, 이걸로 뭘 해 먹을까 고민하다가 전을 한번 부쳐 보자고 했던 것이다. 다행인지 모르겠지만 나의 무의식 속에는 미나리와 거머리가 연결되어 있지 않았다. 미나리전이 입으로 들어갈 때 느껴지는 향긋한 맛은 정말 좋았고, 왜 이런 걸 지금에야 알게 됐는지 모르겠다며, 나는 마트에 갈 때마다 미나리를 사 들고 왔다.
 며칠 전에도 장보다가 미나리가 보이길래 한 봉지 들고 왔다. 오늘은 토요일. 느지막이 일어나, 냉장고에서 미나리를 꺼냈다. 자, 이제 미나리전을 만들어 볼까? 미나리를 그릇에 담아 깔끔하게 물로 씻었다. 어머니 얼굴이 떠올랐다.

다행히 거머리는 없다. 깨끗한 미나리를 칼로 송송 썰어 반죽 그릇에 담는다. 이제는 밀가루를 꺼낼 차례. 싱크대 선반에서 밀가루를 꺼내려고 하니 봉지가 옆으로 누워 밀가루 한 뭉치가 쏟아져 있었다. 아내를 불렀다.

"여보, 당신은 이게 문제야. 밀가루를 쓰고 봉지를 이렇게 접어서 클립으로 끼워놔야지. 이거 다 쏟아졌네."

아내는 별일 아니라는 듯 물티슈를 건넸다. 크건 작건, 계획에 없는 일은 자꾸 일어난다. 미나리전을 준비하다 말고 싱크대 선반을 청소했다. 자, 이제 다시 시작해 보자. 이번에는 계란을 준비할 차례. 냉장고 문을 열고 계란을 꺼낸다. 그런데 이 녀석이 계란판에 딱 붙어서 떨어지지 않았다. 꺼내 보려고 손가락에 조금 힘을 주어 보았다. 순간, 퍽 소리가 난다. 이번엔 냉장고 선반에서 달걀흰자와 노른자가 줄줄 흘러내렸다. 아내가 옆에 있다가 한마디 한다.

"여보? 당신도 이게 문제야. 계란판을 꺼내서 살살 들어야지."

"사람이 이 정도 실수는 해주어야 인간미가 좀 있지…."

"말은 참 잘 지어내요."

계란 덕분에 냉장고 선반도 청소했다. 계획에 없는 일은 이 정도면 충분하지 않을까?

내가 전을 부칠 때 아들이 늘 하는 말이 있다. "아빠, 바삭하게 해줘요!" 전은 원래 바삭하게 먹는 게 아닌데, 아들이 워낙 바삭한 타령을 많이 해서 오랜 연구(?) 끝에 아빠표 레시피가 만들어졌다.

우선, 물에 씻은 미나리를 그릇에 담을 때는 물기를 털지 않는다. 반죽할 때 물을 따로 넣지 않기 위해서이다. "자르르!" 반죽에 있는 물이 프라이팬 속 기름을 만나 증발하는 소리다. 바삭한 전을 만들려면 물기를 많이 증발시켜야 하니, 반죽을 질게 할 필요는 없다. 여기에 계란 두 개 정도를 넣으면 미나리 자체에서 나오는 즙과 함께 섞여 어느 정도 끈적한 반죽이 된다.

　반죽에는 감자전분이 꼭 필요하다. 밀가루 세 스푼에 감자전분 한 스푼 정도. 감자전분은 밀가루와 다르게 글루텐이 없어 소화도 잘되고, 바삭한 식감을 위해서는 이만한 게 없다. 작년 가을에 친구 어머니께서 주신 청양고추도 송송 썰어 넣었다. 오래 두고 먹으려고 냉동실에 넣어 두고 하나씩 꺼내 쓰는데, 매콤하면서도 미나리 향을 더 살려준다. 소금은 넣지 않는다. 어차피 간장에 찍어 먹을 테니 굳이 간을 할 필요는 없다는 생각이다.

　반죽이 완성되고, 이제 포도씨유를 꺼냈다. 사실 포도씨유를 쓰는 이유는 우리집 딸 때문이다. 딸이 세 돌쯤 지났을 때, 아이가 낮잠을 자길래 방에 들어가 일을 하고 있었다. 한참 일을 하다가 낮잠을 오래 자는 것 같아 조용히 나가보니 이미 아이는 주방으로 나와 있었고, 전날 사놓은 포도 상자를 아수라장으로 만들고 있었다. 바닥과 옷이 엉망이 된 채로, 아빠를 보고 빙그레 웃으며 포도를 까먹고 있는 아이! 저렇게 포도를 좋아할 줄이야. 이후 마트에 장을 보러 가면 늘 아이는 포도 그림이 그려져 있는 물건에 관심을 보였다. 그렇게 포도씨유도 우리 집에 들어왔던 것이다.

프라이팬에 포도씨유를 살짝 두르고, 되직한 반죽을 숟가락으로 퍼서 올렸다. 숟가락 하나면 충분하다. 숟가락으로 반죽을 살살 눌러 최대한 얇게 편다. 반죽이 되다 보니 사이사이 구멍이 나는데, 그래도 괜찮다. 바삭한 전을 만들려면 구멍 정도는 감수해야 한다. 주방에 뒤집개가 걸려 있지만 사용하지 않는다. 손목 스냅을 이용해서 프라이팬을 들고 "톡" 치면, 전이 공중으로 떠올랐다가 한 바퀴 돌아 "착" 소리를 내며 떨어진다. 지금은 시큰둥하지만, 아이들이 어릴 때 이런 걸 보여주면 환호성을 질렀다. 또 해 보라며 자꾸 시킨다. 아이들은 전을 돌릴 때가 되면 자기를 꼭 불러달라고 부탁까지 했다. 물론 돌리다가 망친 적도 있지만, 아빠가 전을 부친다는 건 아이들에게는 큰 구경거리였다. 이런 이유로 우리 집 프라이팬의 선택

기준은 무조건 '가벼운 것'이 되었다. 요즘은 두툼하고 무거운 기능성 프라이팬이 많이 나오지만, 그런 팬으로 전을 돌렸다가는 손목이 제명을 다하지 못할 것이다.

이제 토요일 아침 겸 점심이 차려졌다. 식탁 위 각자 자리에는 미나리전을 올린 접시가 하나씩 있고, 가운데에는 달래를 듬뿍 썰어 넣은 달래장이 놓여 있다. 간장 속에 들어 있는 달래를 젓가락으로 집어 미나리전 위에 올리고 같이 먹으면 진수성찬이 필요 없다.

미나리전을 부쳐놓고 보니 예전 어머니 모

습이 생각나서 종일 웃음이 났다. 내 식성이 어머니를 닮았는지라 분명 입맛에 맞을 듯한데, 맛이라도 보여드릴까 싶어 저녁때 한 접시 부쳐 어머니 댁에 들렀다. 식탁에 펼쳐 놓기도 전에 향긋한 미나리 냄새가 솔솔 흘러나온다. 어머니는 웬 미나리전이냐며 한마디 하시고는 맛있다며 그 자리에서 한 접시를 다 드셨다. "세상에, 이렇게 좋아하시면서 왜 안 만들어 드세요?" 나의 물음에 어머니는 어린아이처럼 한마디 하신다.

"무서워서 싫어. 거머리가 나오잖니."

역시, 예상은 빗나가지 않는다. 서로 똑같은 기억을 떠올렸는지 한바탕 웃음이 터졌다. 문제는 미나리가 아니라 다듬는 것이었다는 걸 이제야 안다. 앞으로 종종 미나리전을 부쳐드려야겠다. 만들 때마다 어머니 얼굴에서 아이 같은 맑은 모습을 볼 수 있을 것 같다.

동물은 기호가 아니다

북한산 족두리봉을 시작으로 능선을 따라가는 등산로는 북한산 절경이 한눈에 펼쳐지는 아름다운 길이다. 특히 가을 단풍이 드는 계절에 이곳을 걷다 보면 풍경에 다리가 아픈지도 모르고, 어디쯤 걷고 있는지도 모른다. 아마도 지금 기억에는 비봉과 사모바위 사이쯤 되었던 것 같다. 잠시 싸 온 간식을 먹으려고 앉으려니 한 아저씨가 순하게 생긴 하얀색 개 두 마리를 옆에 두고 음식을 먹이고 계셨다. 국립공원에는 반려견을 동반하지 못한다는 생각은 한참 나중에 들었고, 어떻게 이 험한 산에 개가 따라왔을까 궁금해져서 말을 건넸다.

"정말 대단하네요. 이 험한 산을 따라오다니."
"아니에요. 얘네들은 여기 사는 떠돌이예요."

너무 놀랐다. 저렇게 순해 보이는 개가 떠돌이라니. 아저씨 말에 따르면 일주일에 두세 번씩 이곳에 올라오는데, 저 개들이 자꾸 따라오길래 응해줬더니 요즘에는 친해졌다는 것이다. 그러면서 이런 말을 해주셨다.

"요놈들이 암컷하고 수컷인데, 저기 밑에 조금 내려가면 바위 밑으로 얘네들 집이 있어요. 얼마 전 새끼를 몇 마리 낳았는데, 잘 있는지 모르겠네. 키우던 개를 가방에 담아와서 여기다 버리고 가는 사람들이 한둘이 아니에요."
"세상에…."

생각지도 못한 말씀에 뒤통수를 한 대 맞은 듯했다. 먹이를 먹고 있는 흰둥이들을 한참 동안 바라보았다. 한때는 따뜻한 집에서 사랑을 받으며 살았을 텐데 무슨 일이 있었을까. 주인에게 안 좋은 일이 있었던 것일까. 아니면 길을 잃어 여기까지 오게 된 것일까. 한때 돌봐주었던 손길에 의해 매몰차게 내쳐졌다면 그 상처를 어떻게 극복하며 살아갈 수 있을까. 자연의 냉혹함 속에서 살아갈 모습을 상상하니 물이 목으로 넘어가지 않고 입속을 맴돌았다. 사람에게 동물은 어떤 존재인지 등산 내내 심란한 생각이 떠나지 않았다.

디즈니가 「101마리 달마시안」의 성공에 힘입어 그 속편인 「102 달마시안」을 만들 때가 생각났다. 미국의 동물 애호가들이 디즈니에 대규모로 항의를 한 사건이 있었다. 이유는 이렇다. 영화 속에 나타난 달마시안이 너무나 사랑스럽고 온순해서 사람들은 이 종을 다루기 쉽다고 생각했나 보다. 영화가 개봉된 1996년 직후, 반려견 인기 순위 20위 밖에 머물던 달마시안은 10위 안으로 들어왔다. 영화를 보고 달마시안을 샀던 사람들은 이 종이 고집 세기로 유명한 다혈질이라는 걸 알고 나서 버리기 시작했다.

통계에 의하면 버려진 수는 반려견 인기 순위와 비례하여 100% 이상 증가했다고 한다. 물론 디즈니가 그런 의도로 영화를 제작하지는 않았겠지만, 동물 애호가들이 영화를 탓한 것은 당연했다. 디즈니도 도덕적인 책임을 느꼈던지 「102 달마시안」의 개봉에 즈음해서 '반려동물 제대로 기르기'에 대한 홍보를 하겠다고 발표했다. 이렇게 만들어진 두 번째 작품은 흥행에 실패했고, 그 이후 후속작은 나오지 않았다.

동물은 사람의 편의를 위해 이 세상에 생겨난 것일까? 이 질문에 그렇다고 말할 수 있는 요즘 사람이 얼마나 될까. 동물은 인간의 소유물이라든지, 어제 키우고 싶어서 데려왔다가 오늘 귀찮아서 쫓아낼 수 있는 존재라고 자신있게 말할 수 있는 사람도 아마 없을 것이다. 아니 없을 것이라고 믿고 싶다. 하지만 얼마 전 나온 뉴스는 이런 믿음을 흔든다. 관악산과 북한산 일대에 버려진 유기견이 200마리 이상 된다고 한다.

동물을 사람의 시선으로 해석하고 이용하는 것은 오늘만의 얘기는 아니다. 동물은 인간을 위해 만들어졌다고 믿었던 시대가 있다. 이른바 종교의 시대라고 할 수 있는 중세 유럽이다. 중세 유럽 사람들은 자연이란 인간을 위해 신이 만든 교과서라고 믿었다. 모든 동물은 인간에게 신의 가르침을 보여주기 위해 존재한다고 생각했다. 중세 시대에 쓰인 『베스티어리』(The Bestiary)라는 책이 대표적이다. 이 책은 다양한 버전을 통해 중세 시대 당시 유럽 전역에 유행처럼 퍼졌다. 이 세상에 있는 동물이 사람에게 어떤 의미를 지니고 있는지 그림과 함께 설명해 놓은 책이다. 라틴어로 쓰였기 때문에 글자를 모르는 사람들을 가르치기 위해 그림이 곁들어져 있다. 책에는 우리가 가까이 볼 수 있는 동물부터 이상하게 생긴 상상의 동물까지 다양한데, 요즘 아이들에게 인기 있는 포켓몬스터의 캐릭터들이 연상될 정도이다.

『베스티어리』에 실린 동물의 이야기를 읽다 보면 사람이 어떻게 이리도 자기중심적인지 감탄과 한탄이 뒤섞여 나온다. 태양을 바라보며 날아가는 독수리는 인간이 신에게로 귀의해야 한다는 의미를 나타낸다고 하였다. 빛은 곧 신을 의미하기 때문이다. 어미 독수리는 태양을 응시하지 못하는 어린 독수리를 용납하지 않는다고 얘기하면서 빛을 멀리하는, 곧 신을 멀리하는 인간은 죄인이라고 가르쳤다. 대표적인 상상의 동물인 용(dragon)은 우리나라에서 생각하는 신성한 존재와는 완전히 다르다. 서양에서는 뱀을 사악한 동물로 여기는데, 『베스티어리』에서는 용을 가장 악한 뱀의 한 종류라고 가르친다. 용은 천국으로 가는 길에 숨어있다가 똬리를 틀어서 사람들을 질식시킨다고 묘사되었다. 부엉이는 빛보다 어둠을 좋아하는 더러운 새라고 가르쳤다. 당시 부엉이가 혐오의 대상이었던 이유였다.

개에 관한 이야기도 있다. 개는 혀로 핥아서 자신의 상처를 치료한다고 설명하면서 혀는 곧 고해이고, 고해성사를 하면 죄가 없어진다는 의미라고 가르쳤다. 고기를 물고 강을 건너던 개가 물에 비친 고기를 보고 자기 것보다 더 큰 고기를 먹고 싶어서 물고 있던 것을 떨어뜨린다는 이야기도 나온다. 욕망의 허상을 경고하는 이야기이지만, 중세 유럽에서 개는 이처럼 어리석음의 상징이었다. 그 이외에도 사슴은 서로 도와주는 협동을, 고래는 인간의 사악한 본성을, 개미는 고통스러운 심판의 날을 대비하여 미리 선행을 쌓아야 함을 나타내는 상징이었다.

언제부터인가 동물은 귀한 생명이라기보다는 인간에 의해 해석되는 말 없는 기호가 되었다. 인간의 유익을 위해 쓰이는 기호, 언제든 필요에 따라 재해석되는 기호 말이다. 예전엔 개미가 선행을 쌓아야 한다는 교훈을 가르치는 기호였지만, 오늘날에는 살충제의 포화를 받아야 하는 제거 대상이 되었다. 하지만 개미도, 그리고 그 어떤 동물도 인간의 입맛에 맞게 해석되도록 이 세상에 존재할 리 없다. 어제의 필요에 의해 돌보던 개가 오늘의 귀찮음으로 버려지는 그런 기호일 리가 없다. 우리는 그들을 해석할 권리가 없다.

최근 들어 인류세(人類世)라는 말을 많이 듣는다. 인간이 지구 환경을 바꾸는, 지구 역사상 초유의 지질 시대를 이르는 말이다. 지구 위에 인류와 인류가 키우는 가축이 전체 동물의 97퍼센트를 차지하고 있다고 한다. 야생 동물은 단 3퍼센트밖에 남지 않았다는 말이다. 지구 생명을 지탱해 준다고 믿고 있던 종의 다양성이 이 정도로 심각하게 줄었는지 생각조차 못 하고 있었다. 충격을 넘어 두려움이 밀려온다. 우리는 지금까지 동물들에게 무엇을 한 것일까? 환경과 동물에 대한 목소리는 점점 더 커지고 있다. 하지만 오늘 내가 쓰고 버린 플라스틱 조각, 비닐봉지 하나가 누군가의 생명을 앗아갈 수 있음을 알지 못한다면 그 어떤 외침도 무의미할 것이다. 나에게 유익한 것이 나를 떠받치는 다른 생명에게도 유익한 것인지 늘 생각해야 하는 시간이 왔다.

삼식이와 삼숙이

 낯선 곳에 가면 늘 그곳 시장에 들린다. 어떤 사람은 잘 모르는 곳에서도 실패할 걱정이 없다며 대형마트나 프랜차이즈점을 찾기도 하지만, 성공을 목적으로 그곳에 가는 것은 아니다. 김이 모락모락 나는 갓 부쳐나온 김치전을 맛보고, 맛있다고 환호하면 한 장 더 서비스로 주는 인심을 만나고, 긴 벤치 옆으로 앉은 낯선 사람이 하는 얘기를 듣고 있다가 끼어들 수 있는 곳, 그런 곳이 시장이 아니면 어디에 있을까.

 그중에서도 삼척중앙시장은 바다를 보러 갈 때마다 꼭 들리는 곳이다. 떠들썩한 호객행위와 눈부시게 밝은 조명이 없어서 더 좋다. 어떤 시장에 가면 음식은 음식대로, 채소는 채소대로 파는 곳이 나뉘어 있는데, 이곳은 그렇지 않은 것도 내 마음에 든다. 그릇 가게 옆에 꽃집이 있고, 그 옆에 전집과 튀김집이 있고, 그 옆에는 신발을 팔며, 그 옆에는 국밥을 판다. 작은 골목에 다양한 종류의 가게들이 모여있으니 지나갈 때마다 재미있다. 멈추었다 또 가고 또 멈춘다. 삼척중앙시장이 유독 기억에 남는 이유는 또 있다. 우리 집 아이들이 귀여운 꼬마였을 때, 이곳에서 눈이 휘둥그레져 깔깔거렸던 추억이 있기 때문이다.

"아빠, 저게 뭐야. 저게 물고기야?"

수줍음 많던 딸이 조용히 내 다리를 붙잡고, 얼굴을 올려다보며 지은 표정은 지금도 생생하다. 아, 이 물고기는 평범한 모습이 아니다. 배는 남산만큼 불뚝 튀어나왔고, 얼굴은 대문짝만하고, 입은 얼굴 전체를 가릴 만큼 크다. 거기다 피부는 울퉁불퉁 자갈 섞인 모래를 먹물에 묻혀 뿌려놓은 듯하고, 지느러미는 거친 사포를 아무렇게나 찢어 붙여 놓은듯했다. 호기심 많은 아들은 킥킥거리며 손가락으로 물고기를 쿡 찔러본다.

"사장님, 이 물고기 이름이 뭐예요?"
"이놈이요? 삼식이예요."
"네?"

물고기 얼굴만 봐도 웃기는데, 이름이 삼식이라니.

"아빠, 이게 삼식이래, 삼식이. 크크크…. 야, 삼식아."

장난꾸러기 아들은 무릎을 굽히고 앉아서 말을 붙여본다.

예전에 아는 분 집들이에 가서 나누었던 대화가 생각났다. 고만고만한 또래 아이들을 키우던 때라 친하게 지냈던 네 집이 한곳에 모이면 자연스레 아이 키우는 얘기가 펼쳐졌다.

"아휴, 방학 되니까 힘들어 죽겠어요. 우리 집에 삼식이가 세 명이나 있어요."
"애가 둘인데, 한 명은 또 누구예요?"
"누구긴요. 애들 아빠가 요즘 휴가예요. 휴가."
"호호호. 우리 집도 삼식이가 둘인데."
"우리 집은 삼식이 하나, 이식이 하나예요."

삼식이! 삼시세끼를 모두 집에서 해결하는 사람이다. 이식이는 점심을 밖에서 먹나 보다. 그렇게 한숨 반, 웃음 반, 여자들이 말하고 있는데, 불쑥 남자가 끼어들었다.

"나는 영식인데?"

영식이? 순간, 모두 얼굴이 멍해져서 남자와 여자의 얼굴을 번갈아 가며 보았다. 여자가 답변하듯 긴 한숨을 쉬며 말했다.

"저는 삼식이가 부러워요."

이번 여름, 어머니께서 고향에 다녀오고 싶다고 하셨다. 잘됐다. 더위도 피할 겸, 할아버지 할머니 산소에 가서 인사도 드리고, 어머니와 오랜만에 데이트도 할 생각으로 일찌감치 집을 나섰다. 강릉으로 향하는 영동고속도로를 시원스럽게 달리고 있는데, 어머니가 점심 얘기를 꺼내셨다.

"얘, 그러고 보니 오늘이 말복이네. 강릉에 도착하면 삼숙이탕 먹으러 가자."

삼숙이는 또 뭐지? 내가 잘못 들은 걸까?

"삼계탕이 아니고?"
"그런 게 있어. 엄마 어렸을 때 아주 많이 먹었어."
"그게 뭔데요?"
"삼숙이라고, 아주 매력적으로 생긴 생선이야."

어머니는 스마트폰으로 검색하시더니 사진을 하나 보여주셨다. "음…. 정말 매력적이네요!" 내 말에 한바탕 웃음이 터졌다. 그런데 어디서 많이 본 듯한 느낌이 든다.

"그거 삼식이 아니에요? 삼식이?"
"다른 데서는 그렇게도 부르더라. 나 어릴 때 동네에서는 삼숙이라고 했거든. 거기 강릉중앙시장에 삼숙이탕 잘하는 데 있어. 거기로 내비게이션 찍어봐."

강릉중앙시장 주차장에 도착하니 말복답게 강렬한 햇빛이 머리 위로 쏟아졌다. 시장 가까이에 있는 주차장에 차를 댔으면 좋았을 텐데, 고지식한 내비게이션의 말을 따랐더니 너무 멀리 주차를 하고 말았다. 몇 걸음만 걸어도 땀이 비 오듯 쏟아진다. 이 더위에도 강릉은 역시 여름의 도시인가보다. 시장에는 수많은 사람이 북적이면서 한 폭의 그림 같은 장면을 연출했다. 언제나 그렇듯, 나는 사람들이 가장 몰리는 중앙통로보다는 한쪽 옆으로 난 한적한 골목이 좋다. 텃밭에서 기른 푸성귀를 쌓아두고, 장사 생각은 접은 듯, 할머니들이 삼삼오오 모여 수다를 떨고 계셨다.

"아주머니, 여기서 삼숙이탕 제일 잘하는 집이 어디예요?"

"아, 그거. 내가 알려줄게. 어디냐면….”

"에이, 거기 못써. 내가 말하는 데 가봐. 최고야. 우리 영감이 거기를 제일 좋아해."

"니네 신랑 말하는 데, 다 맛없더라. 믿을 수가 없어."

"뭐라고?"

아, 이를 어째…. 어머니는 호박이 맛있어 보인다, 어떻게 이리도 빛깔이 곱냐며 칭찬을 하시고는 얼른 호박 몇 개를 사셨다. 역시 지혜롭게 상황을 마무리하셨다. 계획에도 없던 호박을 몇 개 사고, 먼저 말을 꺼내신 할머니가 알려준 곳에 가보기로 했다. 그런데 멀찌감치 보이는 간판 아래가 이상하다. 점심때가 조금 지나긴 했지만, 식당 앞이 어둑어둑한 게 불길한 예감이 들었다. 가까이 가보니 역시나, "정기 휴일입니다."라는 종이가 떨어질 듯 말 듯 붙어 있었다. 아마도 누군가 종이에 화풀이한 것 같다. 실망이 컸지만, 우리에게는 또 다른 집이 있었다. 바로 영감님이 좋아하신다는 곳. 다행히 그곳은 영업 중이었다.

식당에는 손님이 우리밖에 없었다. 텔레비전을 보고 계시던 사장님은 느긋하게 주문을 받고, 손수 끓여오신 전골 그릇을 휴대용 가스레인지 위에 올리셨다. 그리고 팔팔 끓는 탕을 국자로 휘휘 젓고 나서 그릇에 담아주시기까지

하셨다. 장사를 하루 이틀 하신 것도 아닐 테니, 이미 분위기 파악이 끝나셨나 보다. 서울서 아드님이 어머니 모시고 왔냐며 말을 건네더니, 아예 의자를 끌어와 옆으로 앉으셨다. 어머니랑 말동무하실 참인가보다.

"사실, 여기 말고 다른 데를 갈려고 했는데, 거기가 마침 문을 닫아서…."

어머니는 갑자기 하지 않아도 될 말을 꺼내셨다. 내가 눈을 깜빡거리며 신호를 보내려는데, 다음 이어지는 말씀에 가슴을 쓸어내렸다.

"그런데, 여기가 훨씬 더 맛있네요."

사장님은 이미 알고 있다는 듯, 지긋이 웃으셨다.

"그 집이랑은 하는 방식이 좀 달라서, 거기서도 드셔보시고, 우리 집 것도 드셔보세요."

"아, 이건 지누아리네요. 강릉 사람은 이게 없으면 안 돼요. 강릉에 오니 지누아리 맛을 다 보네요."

"여기 분들이 그걸 너무 좋아하셔서 반찬으로 꼭 만들어요. 저는 안 먹어요. 고향이 경상도라 바다 냄새가 싫더라고요."

"아, 고향이 경상도세요? 저는 여기가 고향인데."

55년 전, 경상도에서 강릉으로 시집오셨다는 식당 사장님과 그즈음 강릉에서 서울로 시집간 어머니는 같은 시간대에 같은 곳에서 오랫동안 함께 하신 듯, 주거니 받거니 이야기를 이어 가셨다. 시누이에게 삼숙이탕을 배워 식당 문을 연 지도 벌써 36년째. 시누이네는 강릉에서 횟집을 크게 하다가 장사가 잘돼서 조카가 서울에 분점을 냈다고 하셨다. 그리고 그 조카가 어머니의 제자라는 사실도 밝혀졌다. 세상에, 한 다리 건너 아는 사람이라더니, 삶이란 숨은그림찾기인가 보다. 아무리 찾으려 해도 보이지 않던 것을 우연히 발견할 때의 놀라움과 즐거움. 그래, 그 정도면 인생은 재밌다고 얘기해도 되지 않을까.

  사장님은 그릇이 비워질 때면 전골 그릇에서 뜨끈뜨끈한 국물을 계속 퍼주셨다. 더 먹으라며 공깃밥을 내주시고, 직접 농사지은 햇고춧가루로 아침에 만들었다는 반찬도 이것저것 내오셨다. 삼숙이탕은 시원한 바닷바람을 품고 있었다. 국물 한 숟가락도 남기지 않고 다 먹었으니 그 이상의 미사여구는 필요 없다. 굳이 덧붙이자면 삼식이와 삼숙이를 겉모습으로 절대 판단하지 말라는 것. 그들이 합류한 여행길이 내내 즐거웠던 건 덤이었다.

조금은 허풍스럽게, 다소 과장되게

"아들, 내일 혹시 시간이 좀 있니? 네가 쓰는 연장하고 공구 같은 거 좀 챙겨서 왔으면 좋겠는데." 어머니가 이런 부탁을 하신 것은 처음이었다. 집에 뭐가 망가졌으면 망가졌다고 말씀을 하시지 공구를 들고 왔으면 좋겠다는 말은 너무 생소했다. 무슨 일이냐고 여쭤보니 작은이모님 얘기를 꺼내셨다. 이모 집에 옷장 문이 안 열리는데, 가서 좀 봐주면 안 되겠냐는 말씀이었다. 가까운 동네면 금방이라도 가겠지만, 어머니 것도 아니고 작은이모님 댁 옷장이라니….

아버지는 내가 입대를 하고 1년 후쯤 쓰러지셨다. 저녁 뉴스를 보시고 깊게 한숨을 쉬시며 일어나시다가 주저앉으셨다고 했다. 급히 병원으로 이송되었으나 뇌졸중을 막지는 못하였다. 급히 휴가를 나온 나는 반신마비로 병상에 누워계신 아버지께 무슨 말을 해야 할지 몰라 쏟아지는 눈물을 참지 못하고 흘리고만 있었다. 전혀 괜찮을 리가 없을 아버지가 어눌하게 "괜찮다"라는 말로 오히려 나를 위로하셨다. 나는 무엇을 해야 할지도 몰랐다. 그저 어머니와 형님께 인사를 하고 발걸음을 뗄 수밖에 없었다. 가족에게 모든 걸 맡기고 혼자 군대로 복귀했다는 생각이 마음을 짓눌렀지만, 정작 아버지가 마주한 인생의 좌절과 상실감을 조금이나마 헤아리고 위로해 드릴 수 있는 성숙함은 아직 없었다. 내 머릿속에 아버지는 늘 힘세고 씩씩하셨기에 전역하고 나오면 예전처럼 건강한 모습을 볼 수 있을 거라는 어렴풋한 기대를 놓지 않고 있었다. 아직 나는 그렇게 여물지 않은 청년이었다.

가깝게 지냈던 큰이모부가 중환자실에 입원하셨다는 소식을 들었을 때도 철없는 청년의 흔적은 여전히 남아있었다. 힘들게 약속을 잡고 어머니와 함께 병문안을 갔다. 일반 병실과는 달리 중환자실은 그 어두움만큼이나 공기가 무거웠다. 주무시는 듯 보였으나 어머니의 목소리에 눈을 뜨시고 살짝 미소를 지으셨다. 면회 시간이 제한되어 있어 많은 이야기를 나눌 수는 없었다. 차분하다고 표현하기에는 너무나 가라앉은 분위기에서 짧게 오고 간 대화는 지금껏 들어온 그 어떤 말보다 또렷이 머릿속에 각인되어 있다.

"죽을 때가 되니 세상이 참 아름다워 보여."

어머니는 옅은 미소와 함께 괜한 소리를 하신다며 금방 회복하고 일어날 테니 걱정하지 말라며 위로 하셨다. 하지만 나는 여전히 이런 상황에서 어떤 말을 해야 할지 몰라 병상 난간을 우두커니 바라만 보고 있었다. 머릿속에는 엉킨 실타래가 부풀어 오르는 듯했다. 그때 내 나이 서른, 여전히 나는 어머니의 입이 나의 입이라는 그 완전한 의존에서 벗어나지 못하고 있었다.

어머니 말씀처럼 큰이모부는 얼마 후 언제 중환자실에 있었냐는 듯 빠르게 회복하셨다. 어느날 어머니께 안부 전화를 드리니 큰이모, 큰이모부와 함께 종로의 한 치과에 계신다고 하셨다. 자주 찾아뵙지도 못하는데, 근처에 오셨으니 조금 일찍 퇴근하고 병원으로 향했다. 큰이모부는 부축받지 않고도 잘 걸으셨고, 안색도 아주 좋아지셨다. 세 분의 치료가 모두 끝나고 병원 문을 나섰을 때는 이미 날이 어둑어둑해져 있었다. 어머니를 집까지 모셔드리기로 했다.

"가는 길에 이모네도 모셔다드리지 그러니?"
"아니야, 아니야. 우리는 그냥 택시 타면 돼."

어머니는 혼자 아들 차를 타고 가는 게 마음에 걸리셨는지 그렇게 말씀하셨고, 큰이모는 손사래를 치셨다. 방향이 같으면 어려운 일이 아니었지만, 어머니는 서쪽으로, 이모네는 남쪽으로 가야 하니, 사실 나도 썩 마음이 내키지 않았다.

"한 시간만 돌아가면 되는데, 모셔다드리지. 퇴원하신 지도 얼마 안 됐는데."

차 안에서 어머니가 한마디 하셨지만, 택시 타시면 그게 그거라는 식으로 얼버무리고 말았던 것 같다. 하지만 그 일이 지금껏 내 인생에서 가장 큰 후회로 남게 될지 그땐 정말 알지 못했다. 일주일이 안 되어 큰이모부의 부고 소식이 들려왔다. 붉어진 눈에서는 나 편해지자고 마음을 베풀지 못했다는 자책이 눈물과 함께 흘러내렸다. 장례를 치르는 내내, 진정한 위로의 한마디를 건네지 못하고 작은 정성 하나 보태지 못했던 내가 초라하게 느껴졌고, 나이를 헛먹었다는 자괴감이 떠나지 않았다.

작은이모가 암과 함께 살고 계시는지 올해

벌써 10년째이다. 10년이 넘었으니, 이제는 제발 좀 물러갔으면 좋으련만, 작년부터 몸이 급속히 쇠약해지셨다. 어머니는 당신이 이루지 못한, 멋있는 '커리어 우먼'의 삶을 사는 동생을 늘 자랑스러워하셨다. 동시에 평생을 독신으로 사셨으니 안쓰러운 마음도 한쪽에 달고 계셨다. "작은이모는 남편도 없고 자식도 없으니, 너희들이 좀 많이 도와드려라." 어머니는 늘 이런 말씀을 하셨고, 형님과 나는 으레 하시는 말로 받아들였다. 사실 그다음 날에는 중요한 약속이 잡혀 있었다. 사회생활을 하면서 만난 몇 안 되는 소중한 친구가 얼마 전 책을 냈고, 친구들이 모여 축하 겸 소위 '북토크'를 하기로 한 날이었다.

"네, 그러지요. 내일 오전에 공구 챙겨서 이모 댁에 들를게요."

나는 어머니께 흔쾌히 대답했다. 내가 무슨 목수도 아니고, 옷장을 만들어 본 적도 없고, 옷장 상태가 어떤지 알 수도 없고, 혹시나 잘못 건드렸다가 더 망가지면 어떡하냐고 말할 수도 있었다. 변명을 찾자면, 더 있었다. 당장 이틀 후면 항암치료 받으러 병원에 입원하신다고 하는데, 급하지도 않은 옷장을 꼭 내일 고쳐드려야 하느냐고 물어볼 수도 있었다. 하지만 이제는 나도 위로다운 위로를 해드리고 싶었다. 작은이모님께 즉시 전화를 드렸다.

"이모, 옷장이 안 열린다면서요?"
"응, 이 옷장이 도대체 열리지 않네. 중요한 게 들어 있는데."
"내일 제가 시간이 되니까 가서 봐 드릴게요. 뭐, 별거 아닐 거예요. 걱정 마시고요."
"내가 처음엔 사람을 부르려고 했는데, 네가 더 믿음이 가서…."

전화기 너머로 거친 숨에 탁한 목소리가 뒤섞여 들렸다. 마음의 불편함은 가시 같아서 한번 꽂히면 내내 신경이 쓰이고, 다른 멀쩡한 일상도 망가뜨리는 법이다. 입원 치료하시는 동안 집에 있는 옷장이 가뜩이나 예민해진 신경을 가시처럼 건드릴 수 있으니까.

이모의 장롱은 돌아가신 할머니로부터 물려받은 것이었다. 워낙 물건을 깨끗하게 쓰시는지라 겉에는 오래된 흔적을 찾을 수 없었지만, 문은 가장 많이 쓰는 만큼 세월의 무게를 견디기 어려웠을 것이다. 이모님 말씀대로 문은 꼼짝도 안 했다. 괜히 힘으로 열었다가 오래된 나무가 떨어져 나가기라도 하면 큰일이다. 가지고 온 얇은 톱에 식용유를 살짝 발라 걸쇠가 있는 틈 사이로 밀어 넣고 문을 당겼다. 다행히 열렸다. 문제는 문 옆에 붙어 있던 철물이었다. 나무가 삭아 철물이 흔들렸다. 나사못으로 철물을 단단히 고정하고 나니 문은 깔끔히 잘 열렸다.

장롱 안쪽은 이모님의 소중한 물건들로 가득했다. 할머니께 물려받는 물건, 오래된 일기, 그동안 주고받은 편지들, 추억이 담겨 있는 사진과 여행하며 모아온 기념품들…. 문을 열 수 없다는 건 단순한 불편함이 아니었다. 이모님에게 그 문은 언제든 마음만 먹으면 아름다운 과거로 여행할 수 있는 입구였던 것이다. 어느날 문이 열리지 않는다는 걸 알았을 때, 그 마음이 어땠을지 충분히 이해되었다.

"이모, 또 안 열리면 부르세요. 언제든 달려옵니다!"

나는 호기롭게 말했고 이모님 얼굴에는 오랜만에 꽃이 피었다. 너무나 소중한 추억의 문을 열어드렸다는 것, 근간에 한 일 중에 가장 잘한

일이다. 때로는 몰라도 아는 것처럼, 여유가 없어도 있는 것처럼, 조금은 허풍스럽게, 다소 과장되게 하는 말이 누군가에겐 위로가 되고 희망이 된다는 걸 이제야 알았다. 다행히도 그날 책 모임은 친구들의 배려 덕에 늦은 저녁으로 미루어졌다.

딸이 겨울방학을 하더니 '놀고 대학생'이 되었다. 언제 자는지는 모르겠지만 밤낮이 바뀌어 아침 11시는 되어야 일어나는 건 분명했다. 그런 생활을 해 보는 것이 평생의 소원이었단다. 돈 드는 것도 아니고 남에게 피해 주는 것도 아니니 뭐라 할 말이 없다. 조금 전, 후다닥, 화장실 들어가는 소리가 나길래 일어났나 했다. 옷을 주섬주섬 입고서는 밥도 안 먹고 나가려 한다. 지금 점심 때가 다 됐는데 빈 속으로 나가면 어떻게 하냐고 주방에 있던 바나나를 하나 떼어 손에 쥐어 주었다.

"너, 당 떨어지면 지하철에서 쓰러져."

"걱정 마셔. 이래 봬도 내가 튼튼해. 다녀올게요."

예전 같으면 부모의 그런 걱정 따위는 쓸데없다는 듯 대충 무시하고 나갔을 텐데, 고분고분 바나나를 입에 넣으며 저런 너스레를 떤다. 그 말 한마디가 내 안의 작은 가시를 뽑는다. 20대 그 시절, 우물쭈물 엉킨 실타래 같았던 나보다는 낫다는 생각이 든다.

어제처럼 그대로

아침부터 부산을 떨었지만, 결국 오전 10시가 넘어서야 출발했다. 나 혼자라면 어제 입던 옷을 그냥 입고 가볍게 나왔겠지만, 가족들이 함께 떠나는 날이라 서두르는 마음을 비웠다. 1박 2일 여행인데, 챙겨야 할 물건들이 많은가보다. 삼척으로 가는 길. 수도권을 빠져나오는 데만 한 시간 넘게 허비할까 봐 마음이 바빴지만, 출근 시간이 지나서 그럴까. 오히려 한산하니 잘됐다. 늦겨울 추위가 매서웠지만 하늘은 파랬고, 공기는 맑았다. 창밖으로 펼쳐지는 산과 들에는 2주 전 내린 폭설의 흔적이 드문드문 그림처럼 남아 있었다.

시간이 허락할 때마다 짧은 여행을 즐겨 다니고 있다. 특별히 많은 준비를 할 필요가 없다는 게 가장 큰 장점이다. 가끔 혼자 다녀올 때도 있지만, 한 지붕 아래 사는 모두가 하루 이틀 정도 공통 분모가 생기면 더 좋다. TV에 나오는 마을을 보다가 급하게 떠날 때도 있었고, 아이가 학교 수업 시간에 발표했던 지역을 가보고 싶다고 하여 떠날 때도 있었다. 3박 4일 긴 여행도 좋지만, 당일치기나 1박 2일은 더 좋다. 약간의 아쉬움이 남는 여행은 묘한 매력이 있다.

그중 삼척은 가족 모두가 가장 많이 가본 여행지이다. 막내아들이 초등학교에 들어가기 전, 처음으로 삼척에 갔을 때 이번이 아니면 언제 또 오겠냐며 관광 지도를 펼치고 작전 짜듯 살살이 훑어가며 돌아다녔다. 피곤하다는 아이를 재밌는 데가 있다며 살살 부추겨 다녔는데, 지금 생각해 보면 왜 그랬는지 웃음이 난다. 우리나라에 이름난 관광 명소가 많지만, 한번 방문한 곳을 또 가게 되는 이유는 아마도 사람 때문이지 않나 싶다. 음식점에서, 시장에서, 거리에서, 오고 가며 마주한 사람들은 마음속에 진한 자국을 남긴다. 이번 여행도 예전 그 자국을 따라갔다. 웬만한 곳은 예전에 구경했으니, 이번엔 잘 쉬고 잘 먹고 오는 게 목표다.

  3시가 되어서 숙소에 도착했다. 중학생 아들은 짐을 풀자마자 사우나에 가고 싶다고 했다. 어릴 때는 삼촌이나 내가 목욕탕에서 뛰는 애를 잡으러 다니느라 혼이 났는데, 이제는 혼자서도 사우나를 즐길 줄 안다. 아들이 사우나 하는 동안 나머지 식구들은 해변을 거닐기로 했다. 4년 만에 다시 찾은 해변이다. 세찬 바닷바람이 모래 위로 옮겨놓은 솔방울, 일렁이는 파도가 뿜어낸 조개껍데기, 서로를 바라보며 미소 짓는 젊은 연인들, 손을 꼭 잡고 쪽빛 바다를 바라보고 있는 부부, 밀려드는 파도 위를 힘차게 점프하는 핑크빛 여자아이와 젖은 양말을 모래 위에 펼치고 발을 동동 구르는 남자아이…. 20년 전의 나, 10년 전의 너, 그리고 지금의 우리를 담은 영화가 누군가에 의해 계속 상영되는 곳. 보고 또 봐도 계속 보게 되는 영화를 한 시간 남짓 감상하고 숙소로 돌아왔다.

출발 전부터 저녁 먹을 곳은 정해져 있었다. 삼척에 오면 빼놓지 않고 들르는 식당이다. 고속도로를 달리며 우리는 줄곧 그 식당 얘기를 했다. 처음 삼척으로 여행 온 날이었다. 볼거리에 시간 가는 줄 모르고 있다가 해가 지고 허기가 져서야 먹을 곳을 찾았다. 한가로운 어촌 마을을 이리저리 둘러보았으나, 대부분 식당은 저녁 장사를 일찍 마쳤나 보다. 마을을 빠져나가려고 할 때, 뚜벅이 여행객인 듯한 남자가 묵직한 배낭을 메고 바삐 걸어가고 있었다. 혹시나 하고 그분 뒤를 따라갔더니 하얀색 간판에 환히 불이 켜진 식당 하나가 보였다. 문을 여니 할머니 한 분과 아주머니 두 분이 식재료를 다듬고 계셨다. 좌식 식탁 두 개를 붙여 놓고 각종 채소와 생선을 손질하며 즐거운 대화를 나누고 계셨다. 식사가 되느냐는 물음에 할머니는 오랜 이웃처럼 반가운 얼굴로 맞이해 주셨다. 삼겹살 4인분을 시켰는데 6인분은 되어 보였다. 중간중간, 주문도 안 한 김치전과 생선조림에, 애들 먹는 모습이 예쁘다며 손질하고 있던 가자미까지 즉석에서 튀겨 주셨다. 배가 불렀지만, 주인 할머니의 정성에 도저히 남길 수가 없었다. 마늘을 더 달라는 말에 깐마늘을 봉지째 들고 오셔서 국자로 푹 퍼서 주시는데 누가 반하지 않을 수 있을까. 할머니 댁에 놀러 온 기분이었다. 그동안 드나든 수많은 식당과 카페를 통틀어 가장 맛있고, 생각나고, 정이 가는 그런 곳이었다.

자주 갈 수 있는 곳은 아니지만, 2년에 한 번, 3년에 한 번 가도 그곳은 늘 같은 모습으로 우리를 맞이해 주었다. 아무리 인테리어가 예쁜 공간이라고 해도 훈훈한 사람의 온기가 배어 있는 공간을 따라올 수 없다. 하지만 우리는 내심 걱정을 하고 있었다. 요즘 경기가 안 좋다는데 혹시 문을 닫았으면 어떡하지. 주인이 바뀌지는 않았을까. 식당 옆에 살고 있던 강아지는 여전히 잘 지내고 있을까.

저녁 7시쯤, 식당 근처 골목에 주차를 했다. 해는 이미 졌고 서쪽 하늘엔 개밥바라기가 유난히 반짝였다. 해 뜨기 전 동쪽 하늘에 있는 금성을 샛별이라고 부르고, 해가 지고 서쪽 하늘에 뜨는 금성은 개밥바라기라고 한다. 개가 배고플 무렵 뜨는 별이라 하여 붙여진 이름이라고 누군가 알려줬는데 이름이 재밌어 잊을 수가 없다. 딸과 아들은 차에서 내리기가 무섭게 식당 옆으로 달려갔다. 빨리 오라며 손짓한다. 한걸음에 다가가니 4년 전 강아지는 어엿한 어미 개가 되어 있었다. 눈을 겨우 뜬 강아지 네 마리가 어미 품을 차지하려고 꼬물거리고 있었다. 사람을 무척이나 좋아했던 강아지는 여전히 순한 얼굴로 우리를 맞이했다. 새끼를 품고 있으니 경계할 만도 한데 오히려 꼬리를 흔들었다. 한 지붕 아래 살고 있으니 식당 주인을 닮은 게 분명하다.

식당 문을 열었다. 한적한 골목길과 다르게 식당이 북적북적했다. 주인 할머니와 아주머니는 여전히 주방 안쪽에서 음식을 준비하고 계셨고, 홀에 서빙 하시는 분이 두 분 더 계셨다. 메뉴도 똑같다. 삼겹살 4인분을 시켰는데, 역시나 6인분 같은 양을 주셨다. 반찬은 맛있고, 아주머니들의 얼굴에는 여전히 즐거운 웃음이 묻어난다. 이제야 마음이 놓인다.

다음 날은 해가 뜨기 전에 일어나 아내와 삼척번개시장을 찾았다. 요즘은 지도를 안 보고 무조건 내비게이션만 의지해서인지 위치도 모르고 무작정 차를 모는 부작용이 생겼다. 가다 보니 전날 들렸던 식당 쪽을 향하였다. 다리를 건너 옆으로 살짝 빠지니 삼척역 맞은 편이다. 짧은 거리에 작은 점포들이 양쪽으로 줄지어 있었다. 유난히 추운 새벽, 새벽 배에서 갓 잡아 올린 생선들이 즐비했다. 어묵 파는 아주머니가 걸걸한 목소리로 인사를 건넸다. 김이 모락모락 올라오는 어묵에 절로 손이 갔다. 새벽

5시에 나오셨단다. 피곤한 기색도 없이 어묵꼬치를 입에 넣는 손님들에게 즐거운 농담을 하신다. 새벽을 여는 분들은 다른 사람의 하루를 책임지겠다는 듯 우리의 무거운 잠을 깨우고, 기분을 가볍게 들어 올렸다. 뜨끈한 국물을 마시고 나니 그제야 주머니 속에 있던 손이 밖으로 나왔다. 가자미회를 그 자리에서 떠주는데, 얼마나 추운지 칼끝이 지나자마자 얼어버렸다. 그래도 이 정도를 서울에서 먹으려면 3배는 더 주어야 한다.

 느지막이 짐을 싸고 숙소를 나왔다. 다시 한 번 해변으로 가서 바다에게 인사를 하고 차에 올랐다. 늘 그래왔듯 집으로 돌아가기 전 들려야 하는 곳이 있다. 삼척중앙시장. 지난번 왔을 때는 한창 공사를 하고 있었는데, 이번엔 말끔하게 주차타워가 마련되어 있었다. 자리를 찾아 시장을 한 바퀴 헤매던 예전에 비하면 주차도 아주 편했다. 시장에 들르면 늘 찾아가는 보리밥집, 땅콩과자집, 메밀전집, 건어물집. 위치도 그대로, 주인도 그대로, 맛도 그대로다. 몇 년 걸쳐 한 번씩 와놓고는 "올 때마다 여기서 한 상자씩 사 가는데 얼굴을 모르시겠어요?"라고 던진 나의 농담에 건어물집 아주머니는 싱긋이 웃으시며 몇천 원을 깎아 주셨다.

'그대로'라는 말이 위안을 준다. 세상이 너무 빨리 변한다. 고향집은 아파트 단지로 변했고, 놀이터에는 6차선 도로가 뚫렸다. 사람도 빨리 변한다. 어린 나와 오목을 두던 아저씨도, 하굣길에 들리면 국수를 삶아 주시던 친구네 집 할머니도 이제는 보이지 않는다. 아기였던 아이들은 나보다 더 커졌고, 어머니의 머리는 은빛이 되었다. 함께 살아가고 있다고 믿었지만, 그것이 아니라는 생각이 들 때마다 마음속 주름도 하나씩 늘어가는 것 같다.

소설 같은 특별한 일은 매일 벌어지지 않는다. 흥미진진하고 가슴 뛰는 재미도 나날이 펼쳐질 수가 없다. 아니, 그렇지 않았으면 좋겠다. 아침에 눈을 뜨고, 가까이 있는 사람에게 인사를 건네고, 자주 먹어도 질리지 않는 것으로 배를 채우면서 똑같은 하루가 이어졌으면 좋겠다. 오늘도 어제처럼 변함없이 그대로. 이번 여행은 그래서 좋았다. 새로움을 발견하는 기쁨보다, 그대로 있음을 보는 기쁨이 더 크다는 걸 깨닫는다. 앞으로도 변함없이 그대로 있어 주길….

옆에 있는 것만으로도

지금은 무슨 일 때문이었는지 기억나지 않는다. 그저 온몸으로 상실감을 표현하고 있었다. 얼굴은 시무룩했고, 걸음걸이는 느렸다. 말이 없어지고 밥 생각도 나지 않았다. 기숙사에서 살고 있던 선배가 같이 저녁을 먹자고 불러냈다. 혼자 있고 싶은 나를 억지로 데리고 나와서는 자꾸 말을 걸었다.

"내가 어제 여자 친구랑 그 식당에 갔거든."

선배는 아무 맥락도 없이 우리가 자주 가는 식당 얘기를 꺼냈다. 그곳에 자주 가는 이유는 양을 많이 주기 때문이었다. 반찬도 셀프라 양껏 퍼 올 수 있었다. 학교 근처라 가격이 비싸지도 않았다. 주머니 사정이 넉넉지 않은 우리에게는 그만한 곳이 없었다.

"그런데, 뭔 일이 있었는지 알아? 반찬으로 내가 좋아하는 꼬막이 나왔더라고. 많이 퍼왔지. 한참을 먹고 있는데, 꼬막이 꿈틀거리는 거야. 처음엔 반찬이 살아있다며 농담을 했는데, 이게 농담이 아니더라고. 낙지탕탕도 아니고 데쳐서 양념까지 발린 꼬막이 살아있을 리가 없잖아?"

어릴 때 연극 배우를 꿈꾸었다던 선배의 말솜씨는 역시나 귀를 쫑긋하게 했다. 모험담이라도 되는 듯 신이 나서 이야기를 풀어내니 내 머릿속은 식당, 메뉴판, 꼬막무침 등등, 만화책을 넘기듯 새로운 그림들로 채워지기 시작했다. 평소 같으면 적절한 호응을 해주었겠지만, 울다가 웃으면 실없어 보일 것 같아 꾹 참고 있었다. 선배는 아랑곳하지 않고 혼자서 계속 수다를 떨었다.

다시금 상상하기도 싫지만, 그 꿈틀거림의 정체는 두 마리의 벌레였다. 꼬막을 담은 그릇 깊숙한 곳에서 벌레도 한입 거들고 있었다고 했다. 선배와 여자 친구는 정체를 발견하는 순간 소리를 지르고 호들갑을 떨었다. 옆 테이블에 있던 사람들이 덩달아 놀라 자리에서 일어났고, 달려온 사장님은 미안하다는 말과 함께 그릇을 가져갔다고도 했다. 선배는 대수롭지 않은 듯한 식당 주인의 태도를 연기하듯 흉내 냈다. 그래서 어찌 됐는데, 어떻게 그럴 수가 있어. 꼭 다물었던 내 입이 열리기 시작했다.

그날 밤 나는 꿈을 꾸었다. 한밤중에 꼬막들이 꼼지락거리며 기어 나와 갯벌을 온통 덮어 버렸다. 빠지면 헤어날 수 없을 것 같은 걱정을 선배의 이야기가 가려 버리기라도 한 듯하였다. 지금은 그 우울의 정체를 기억해 낼 수가 없다. 정말로 무의식 깊은 곳으로 파묻힌 것인지, 어디론가 날아가 사라져 버린 것인지, 아니면 고민하던 문제가 이후에 잘 해결된 것인지 알 수가 없다.

 오래전 그날의 얘기와 꿈이 수면 위로 다시 떠오른 건 며칠 전 읽은 책 한 권 때문이었다. 그 전날 가깝게 지내던 동료와 작은 소동과 오해가 있었다. 찜찜함이 하루 종일 마음을 휘저었다. 자기 편한 대로 일하기 좋아하는 그의 스타일 때문에 내가 공들여 준비했던 계획이 결국 수포로 돌아갔다는 생각을 지울 수 없었다. 한번 감정이 상하니 괜찮다고 스스로 나를 다독여도 진정되지 않았다. 머리가 명령을 내려도 마음은 들을 생각이 없다. 기운도 없고 식욕도 사라지고 말도 줄었다. 겨우 커피 한 잔을 내려 자리에 앉았다. 멍하니 책상을 보다가 눈앞에 보이는 책 한 권을 집어 들었다. 일이 손에 잡히지 않으니, 책이라도 잡아야겠다는 생각에 여기저기 살펴보기 시작했다.

아무 데나 펼쳐도 이야기가 시작되었다. 한 편 읽고 아무 데나 펼치고, 또 한 편을 읽는다. 그렇게 시작된 책 읽기는 그날 오전부터 시작되어 밤까지 계속되었다. 마음이 느린 만큼 글자도 한땀 한땀 느리게 지나갔지만, 글쓴이의 글솜씨는 내 눈과 마음을 사로잡기에 충분했다. 옆집 이웃의 사소한 우연들, 자전거를 타고 가는 시골길, 길옆으로 늘어선 나무와 풀, 숲속에서 들려온 풀벌레 소리, 거리에서 마주친 사람들. 그랬지, 그렇겠네, 그럴 수도 있구나. 마치 오래전 선배의 뜬금없는 이야기가 나를 붙들고 있었던 것처럼, 나와는 아무런 관계도 없는 책 속의 사람들과 이야기가 나를 다독이며 서서히 건져 올리고 있는 것만 같았다.

어떤 이야기는 나를 찡하게 했고, 어떤 이야기는 싱긋이 웃게 한다. 그렇게 울다가 웃으며 마지막 남은 한 장을 모두 넘기고 나니 일렁이던 마음이 신기하게도 잔잔해져 있었다. 따뜻한 햇살을 받으며 호숫가를 산책하고 난 기분이다. 서로가 각자의 감정을 앞세웠던 그 전날의 흔적이 에세이 한 편 한 편과 함께 뒤섞여 어디론가 흩어져 버린 것만 같았다. 읽고 있으나 기억하지 않아도 좋다는 너그러움과 공부하듯 메모하지 않아도 되는 편안함이 있어 좋았다. 이래야 한다, 저래야 한다는 강요도, 억지스러운 권유도 없었다. 책은 그저 나란히 앉아 말을 걸어 주었다. 누군가가 옆에 있다는 느낌만으로도 일어날 힘이 생긴다. 엄마를 보채며 자꾸만 부르는 아이의 마음을 이제야 알 것 같다. 물어도 대답할 힘이 없을 때 나 모르게 옆에 있어 준 사람들이 고맙다. 책을 써준 작가님은 물론이다.

비추는 기쁨

15년 전, 무슨 걱정인지 지금은 기억나지 않지만, 그 짐을 안고 누워도, 앉아도 편치 않아 무작정 집 밖으로 나선 적이 있다. 동네를 한 바퀴 돌려고 나갔는데 어느덧 산속에 와 있었다. 중학교 때 학교에서 극기 훈련을 한다며 산을 오르게 한 이후로 다시는 산을 쳐다보지 않았건만, 걷다 보면 산이 나오는 동네로 이사를 오게 되었다. 그렇게 우연히 발견한 산속, 어느 고즈넉한 사찰에서 물 한 모금을 마시고 다시 길을 따라 내려오고 있었다. 마주하는 나뭇잎마다 싱싱한 햇빛이 담겨 있었고, 바람이 불면 머물러 있던 햇빛이 보석 조각처럼 흩어져 계곡으로 흘러 들어갔다. 하늘의 소리와 땅의 소리가 그렇게 계곡을 따라 흘러

갔다. 내 몸 어딘가에 있던 잡생각과 근심도 발바닥을 타고 땅속으로 하나씩 흘러 들어가는 것 같았다.

그 이후로 산은 내게 큰 즐거움 중의 하나가 되었다. 산에 대한 아무 지식도 없이 물 한 통과 초코파이 하나 들고 무작정 오르다가 탈수된 적도 있고, 없는 길을 헤매다가 낙엽 위로 미끄러져 굴러떨어진 적도 있다. 누군가에 의해 산으로 오게 된 들개와 들고양이, 원래부터 산속에 터를 잡고 살았을 멧돼지와 뱀도 만났다. 스노클링을 하면서 열대어를 쫓다가 안전선을 넘어서 혼쭐이 났을 때처럼, 산의 마법에 취해 다니다가 길도 많이 잃었다. 이런 얘기를 한참 늘어놓으니, 등산에 진심이셨던 장인어른께서 이런 말씀을 하셨다.

"산은 문이 열려야 들어갈 수 있는 거라네."

산이 좋다고 무턱대고 들이댔던 나에게 일침을 가하는 말씀이었다. 그 이후로는 내게 맞는 장비도 준비하고, 코스도 미리 보고, 넉넉한 물과 간식을 준비했다. 하늘길에 여권과 가방이 필요하듯, 산길을 위해 준비해야 하는 최소한의 예의라는 게 있었다. 준비 없이 무작정 오르거나 섣불리 탐색 좀 해 보겠다고 없는 길을 가는 무모한 짓도 더 이상 하지 않았다. 산은 어제와 오늘이 다르니 같은 길도 늘 새롭다는 것도 알게 되었다. 정말로 늘 새롭다는 것은 그런 것을 두고 하는 말이었다. 그렇게 저렇게 산은 내게 무거운 짐을 흘려보내고 마음을 새롭게 할 수 있는 소중한 곳이 되어가고 있었다.

재작년 12월 31일, 후배가 메시지를 보냈다. 으레 하는 연말 인사겠거니 했는데, 일출 보기에 좋은 산이 어디인지 물었다. 15년째 등산을 즐기고 있었지만 정작 산에 가서 일출을 볼 생각은 하지 못했다. 그런 나에게 큰 기대를 하고 물어보니 모른다고 할 수도 없고, 그제야 곰곰이 생각에 빠졌다. 당연히 동쪽을 가리지 않고 잘 보이는 곳이어야 했다. 서울 시내에서 가기에 불편하지 않아야 하고, 새벽에 올라가야 하니 너무 높으면 힘들 것 같고, 사람이 너무 많으면 북적댈 것 같고…. 이런저런 생각 끝에 북한산 형제봉을 추천해 주었다. 버스에서 내려 1시간 정도면 갈 수 있고, 마침 예전에 같이 가 본 적도 있으니, 길도 익숙할 듯했다.

다음 날 아침, 휴대폰이 계속 울려댔다. 떠오르는 태양 옆에 손가락으로 브이 자를 만들어 찍은 사진이 실시간으로 올라온다. 이렇게 생중계를 해주다니. 작년 새해 첫날은 후배 덕을 톡톡히 보았다. 신기해서 가족들에게 사진을 보여줬더니 모두 시큰둥하였다. 맨날 보는 해를 이 추운데 꼭 저기까지 가서 봐야 하냐는 표정들이다. "와우, 멋진데?" "좋겠다. 나도 갈 걸." "떠오르는 태양처럼 열정 넘치는 한 해가 되길…." 사진마다 답글을 달며, 내년엔 나도 꼭 가봐야겠다고 어렴풋이 마음을 먹게 되었다.

그러니 이번엔 제야의 종소리를 뒤로하고 간단하게 짐을 꾸리고 일찌감치 자리에 누웠다. 등산스틱, 텀블러, 귤 몇 개, 두툼한 장갑, 그리고 플래시. 짧은 산행이니 이 정도면 충분하다. 새해 첫날, 새벽부터 부스럭거리며 부산을 떨고 있는 내게 딸이 일어나 뭐하냐고 물었다.

"해돋이 보러 가는데, 너도 갈래?"
"해 뜨는 건 내 방에서도 매일 보는데, 뭐 하러 거기까지 가?"
"그냥, 재밌잖아."

간단하게 빵으로 배를 채우고 깜깜한 산속을 걸어 올라갔다. 플래시가 없다면 이런 칠흑 같은 어둠에 살을 파고드는 산바람은 감당할 수가 없을 것 같다. 녹았다 얼어버린 흙길에는 도저히 사람 발자국이라고 할 수 없는 이상한 자국들이 연이어 있었다. 한때 일주일에 한두 번씩 다녔던 그 익숙함이 없었더라면 무서워 되돌아갔을 것이다.

땅 아래로 플래시를 비추고 고개를 숙인 채 한 발짝씩 조심스럽게 내디딘다. 한참을 걷다가 잠시 숨을 고르려고 고개를 드니 멀리 위쪽에서 두어 개의 불빛이 번쩍였다. 멧돼지와 마주친 걸까? 새해 첫날부터 봉변당할 생각을 하니 심장이 쿵쾅거렸다. 하지만 빛은 섬광처럼 사라지지 않고 서서히 오른쪽에서 왼쪽으로 움직였다. '인공위성이라고 하기에는 너무 빠르고, 이 새벽에 비행기가 날아가는구나.' 안도의 한숨을 쉬긴 했지만 한번 놀란 가슴은 쉽사리 가라앉지 않는 법이다. 서너 개의 불빛이 다시 나타났다. 역시 오른쪽에서 왼쪽으로 서서히 움직인다. 때로는 사라졌다가 때로는 나타나고, 멈추었다 다시 움직인다. 비행기라고 하기엔 너무 이상했다. 도깨비불인가? 동물 사체 뼈에서 야광 빛이 나온다던데…. 별별 희한한 생각이 들기 시작했다.

"새해 복 많이 받으세요."

주춤주춤하며 밑에서 올라오는 나에게 안심이라도 시키려는 듯 남자와 여자의 목소리가 연이어 들렸다. 알고 보니 그 빛들은 능선을 따라 걷는 사람들의 플래시였다. 그들의 플래시가 우거진 나무 사이를 지나며 반짝거리기를 불규칙하게 반복했으니, 산속에서 저런 이상한 빛이 있으리라고는 상상도 못 했다. 제 눈의 티끌은 보지 못한다더니, 나도 똑같은 빛을 내며 걷고 있었을 터이다. 플래시에 의존해 여기까지 올라왔건만 그 플래시를 수도 없이 의심하며 시간을 낭비하였다. 그들의 인사 한마디는 한 치 앞이 보이지 않는 어둠 속에서 그 무엇보다 더 밝게 빛났다. 쪼그라든 마음을 순식간에 펴주었고, 불안을 말끔하게 씻어주었다. 놀라운 경험이었다. 지친 숨을 내쉬며 나도 인사를 전했다.

"안녕하세요? 새해 복 많이 받으세요."
"반가워요. 해돋이 보시려고요?"

신기하게도 나는 생전 처음 보는 사람들과 한 무리가 되었고, 우리는 약속이나 한 듯 간단한 안부를 묻고 다시 걷기 시작했다. 길과 길이

만나면 어김없이 빛이 나타나 인사를 건넸고, 사람들의 무리는 점점 꼬리가 길어졌다. 마치 잘 짜인 뮤지컬이 막을 내릴 무렵, 출연 배우들이 한 명씩, 혹은 한 무리씩 등장하며 손을 흔들고 인사하는 듯했다.

 형제봉에 도달하니 날이 밝기 시작한다. 모두 바위 위에 각자 자리를 잡고 동쪽을 바라보았다. 구름이 잔뜩 끼었으나 그 누구도 약속이나 한 듯 아쉬움을 표현하지 않았다. 우리는 모두 이미 알고 있었다. 태양이 여전히 빛나고 있다는 것을. 구름 뒤로 햇살이 한 줄기 빛을 비출 무렵, 뒤에서 누군가 선창을 했다. "새해 복 많이 받으세요." 너나 할 것 없이 옆 사람에게 웃음을 지으며 새해 인사를 주고받기 시작했다. 초등학교 딸아이의 손을 꼭 잡은 엄마, 갓 전역한 아들의 어깨 위에 손을 올려놓은 아버지, 유학생인 듯 보이는 외국인 대학생, 뭔가 홀가분해 보였던 노부부, 이곳을 어떻게 알고 왔는지 물어보고 싶었던 외국인 여행객. 고등학생쯤 되어 보이는 두세 명의 친구들. 각자 묵은 마음을 비우고, 서로가 서로에게 해돋이가 되는 순간이다.

"올해도 잘 부탁해. 하늘에서 따뜻한 햇살로 위로해 줘…."

구름 뒤 해에게 나는 이렇게 속삭였다. 당신을, 나를, 그리고 우리 모두를.